JN101603

食べて強くなる!
陸上選手の栄養と食事

田口素子・浜野純 共著【公認スポーツ栄養士・管理栄養士】

Nutrition&food
for Athletics

はじめに

陸上競技は、短距離・跳躍のような瞬発系から長距離・競歩のような持久系の種目が含まれ、体力特性や競技時間、トレーニングスケジュール、体格などが種目により異なります。種目にかかわらず、からだづくりがパフォーマンス向上のためには必要不可欠であり、それぞれの種目に合わせた栄養摂取とコンディショニングが必要になります。しかし、最近の食の多様化に伴い、食事を欠食したり、好きなものだけ食べてしまったり、サプリメントを多用する選手もいます。

食事は日々の生活の中の「当たり前」のことなので、ごく普通の食品を組み合わせた「当たり前」の献立でも、ちょっとした工夫をするだけで選手向きの食事にすることができます。知識を身につけるだけではダメで、口に入れなければ選手のからだは何も変わりません。からだが変わらなければ、日々のハードトレーニングを積みパフォーマンスを向上させることもできません。より良い食生活を維持したり、毎日少しずつでも食事を改善するよう心がけることは、陸上選手のトレーニングの一環と言えるでしょう。

本書は、国際陸連（現世界陸連）が2019年に提示したスポーツ栄養のコンセンサス（合意文）を中心に、エビデンスを踏まえた内容になっています。さらに、陸上選手へのサポート経験が豊富な2名の公認スポーツ栄養士が、日頃のサポートの中で選手や保護者からよく質問される内容に答え、説明と対応させて必要な栄養素を比較的手間が少なく摂取できるメニューを多数提案しています。本書が、種目や性別、年齢を問わず、陸上選手の皆さんとその指導者、保護者の皆様の一助になれば幸いです。

公認スポーツ栄養士　田口素子　浜野純

Contents 目次

Credits

装丁・デザイン／1108GRAPHICS　イラスト／庄司猛（裏表紙）
調理／鎌手早苗　調理補助／後藤里帆
写真撮影／谷口宗仁（表紙、82～89、92～94、96、98～142ページ）
協力／陸上競技マガジン

＜本書の使い方＞

陸上選手は日々のトレーニングにより多くのエネルギーを消費します。そのため、十分なエネルギーを含む食事を摂取することが基本です。1日3食または補食を1、2回追加して、1日の食事の量と質を確保するようにします。成長の状況や体格、トレーニング量に合わせた個別のエネルギーと栄養素摂取が必要となりますが、一つの式や表、一献立でそれらを表現することはできません。

そこで本書では、「3500kcalの献立」というような提示をせず、各栄養素を多く含む食品を盛り込んだ一品料理を多数掲載しました。栄養価は代表的な成分を選んで下記のマークを表記してあります。体重や身体組成を定期的に測定しながら、日々の体調の変化も加味して、料理を組み合わせてみてください。例えば貧血のページに示したメニューは、貧血でない選手が食べれば貧血予防に役立てることができますし、ミネラル・ビタミンの強化にも役立ちます。また、体格が大きい選手は全体的に食品の使用量を増やしてください（体格が小さい選手は減らさないでください）。どのページのどのメニューも栄養価が豊富で、すべての陸上選手へのお勧めのものを選びました。

なお本書では、インターハイや高校駅伝、全日本学生選手権に出場した陸上選手の平均的な体格を参考に量を決定しました。すべての選手向けの基本的な献立の組み合わせは、主食を1品、主菜を1品、副菜・汁物から2～3品を組み合わせてください。牛乳・乳製品と果物は各自でプラスするようにしましょう。

◆メニューページの栄養表示の例と見方の説明

材料は1人分で表記し、栄養価は皮や芯などの廃棄部分を除いた1人分で計算してあります（「日本食品成分表2020（八訂）」を使用）。計量スプーンは大さじ1=15ml、小さじ1=5ml、1カップ=200ccとし、「適量」は好みの量で加減してください。電子レンジは600Wを基準としていますので、W数により時間の加減をしてください。また、各栄養素が多く含まれるメニューが一目でわかるように、下記のようなマーク（1レシピに最大3種類）をつけています。

＜マーク1個の基準＞

おにぎりマーク…糖質35g
卵マーク…たんぱく質6g
骨マーク…カルシウム50mg
血液マーク…鉄2mg
ビタミンB群マーク…0.3mg
ビタミンCマーク…20mg

第1章

種目別編

陸上競技には瞬発系・持久系の種目があり、
競技時間や体格、試合スケジュールなども
種目によって異なります。
栄養摂取の情報を種目別に紹介します。

競技分類
01

陸上競技選手の栄養に関する国際コンセンサスと競技分類

自分の特性や状況に適した栄養摂取を目指す

☑日本人選手が実践可能な摂取方法、食品選択、料理を

国際陸上競技連盟（International Association of Athletics Federations：ＩＡＡＦ）は国際競技連盟として他に先駆けて２００７年に、「陸上競技選手のための栄養に関する合意文（Nutrition for Athletics）」を発表しました。競技者の栄養摂取に関して近年多くの研究が行われるようになり、エビデンス（科学的根拠）に基づく摂取方法が示されるようになりました。２０１９年には新たなエビデンスを加えて大幅にアップデートされた合意文がＩＡＡＦから発表され（文献1）、陸上選手の健康とパフォーマンスを最適化するうえで、栄養補給が重要であることが強調されています。ＩＡＡＦは２０１９年11月にワールドアスレティックス（ＷＡ）に名称変更されており、ＷＡのホームページから論文（英文）を見ることができます。しかし、これは国際レベルの選手を対象としていますので、このまますぐにすべての日本人選手に活用できるものではありません。

陸上競技にはさまざまな種目があり、競技特性によってパフォーマンスに影響する要因は異なりますが、トレーニングへの適応や、主要な競技大会で最良なパフォーマンスを発揮するための栄養摂取、けがや病気のリスクを減らすための栄養摂取には共通した点がたくさんあります。特に、練習量に見合うエネルギー量や栄養素を食事

から摂取すること、食品や水分摂取の種類、分量、摂取タイミングなどがより良いものとなるよう調整することは、種目が違っても変わりません。また、性別や年齢別、目的別に見ると、気をつけたい栄養摂取のポイントは異なります。したがって、すべての陸上選手は自分の特性に合った栄養摂取ができるように調整した食事計画を考えることが大切です。合意文には栄養面でのポイントが満載されていますが、世界中の選手が見るものであり、栄養素レベルでの記載が多く、内容も日本人の食生活に必ずしもマッチしたものばかりではありません。そこで本書では、合意文の内容を参考にしながら、日本人選手が実践できるような具体的な摂取方法、食品選択や料理などについてまとめてあります。

陸上競技の種目は6つのグループに分類することができます（表1-1）。本書の種目別ページでは、短距離、中距離、長距離種目のそれぞれのポイントをまとめました。跳躍・投てき・混成競技については競技特性はそれぞれ異なるものの、栄養摂取のポイントは似通っているため、1つの項にまとめました。自分の種目と異なるページにも参考になる情報が満載ですので、必ず本書全体に目を通してください。

ジュニア選手とその指導者・保護者はまず、栄養摂取の基本的な知識を学んで日常生活で実践できるように心がけてください。しかし、知識の積み重ねだけではからだは変わりません。競技レベルが上がるにつれ、最終的には個人の特性や状況に合わせた「個別」の栄養摂取ができるように、具体的な食事調整方法を身につけてください。それは、すべての種目、競技レベルの選手の競技生活において、「栄養戦略」として強みとすることができるでしょう。

表 1-1 陸上競技の種目分類（文献1より）

短距離種目	100m、100/110m ハードル、200m、400m、400m ハードル、4×100m リレー、4×400m リレー
中距離種目	800m、1,500m、3,000m 障害、5,000m
長距離種目	10,000m、ハーフマラソン / マラソン、20km 競歩、35km 競歩、クロスカントリー
跳躍種目	走幅跳、三段跳、走高跳、棒高跳
投てき種目	砲丸投、ハンマー投、やり投、円盤投
混成種目	七種競技、十種競技

種目別
01

短距離選手の栄養摂取

筋量が多く体脂肪の少ないからだをトレーニングと食事でつくる

POINT

1 除脂肪量より体脂肪量が増加しているようなら食事内容を見直す
2 3食それぞれの食事をしっかり食べる努力を
3 たんぱく質の摂取は1食に偏らずに分散させる

短距離選手の生理的特性（文献2）

短距離走は瞬間的に大きな力を出す運動であり、ＡＴＰ-ＣＰ系や解糖系というエネルギー供給系で糖（グリコーゲン、グルコース）をエネルギー源とします。高強度インターバルトレーニングやストレングストレーニングも行うため、トレーニング中に産生された乳酸の処理能力が高いことも競技力と関連します。短時間で最大筋力を発揮するため、筋量が多くて余分な体脂肪はついていないからだを目指します。

時期によって練習の量や時間、からだへの負担度は変動します。例えば、準備期（冬季練習時）には低めの質で多くの量をこなして基礎体力を高めますが、専門的準備期になると目指す大会に向けて練習量を徐々に減

らし、質を高めていきます。試合期にはトレーニングの強度が高くなりますが、準備期に入ると練習量と強度はどちらも低くなるという具合です。トレーニングの質とエネルギー消費量の変化に合わせて各自に合った食事内容に調整することが求められます。

日常の食事ポイント1　身体組成を定期的にチェックしよう

オリンピックや世界選手権に出場した男子短距離選手の平均的な体格は、身長170〜175㎝、体重は70〜75kg程度であり、この値だけ見ると一般成人男性の体格と大きく違いません。しかし、体脂肪率は一般人よりもかなり少ないのが特徴です。体重から体脂肪量を差し引いた除脂肪量（fat-free mass：FFM）はパフォーマンスに強く影響し、FFMが多いほどタイムは速くなります。体脂肪率の数値そのものよりも、FFMの変動を踏まえて適切な身体組成を持つ体重を維持すること、そのためにからだづくりをしていくことが短距離選手にとっては大切です。

トップ選手のような体脂肪量が少なくて筋量が多いからだをいきなりつくることはできませんが、専門的に競技を行う選手なら現状を把握したうえで、身体組成の個別の目標を

TIPS

あなたの体格と身体組成の変化を確認していこう

身体組成を測定する【身長 170cm、体重 68kg、体脂肪率 18% の場合】

BMI = 68kg ÷ 1.7m ÷ 1.7m = 23.5

体脂肪量 = 68kg × 18% = 12.2kg

除脂肪量 = 68kg − 12.2kg = 55.8kg

＊同じ条件（時間や機種）で定期的に測定し、体脂肪率の変化だけでなく、パフォーマンスと関連する除脂肪量が増加しているかどうかも、下の図のようにモニターしていこう

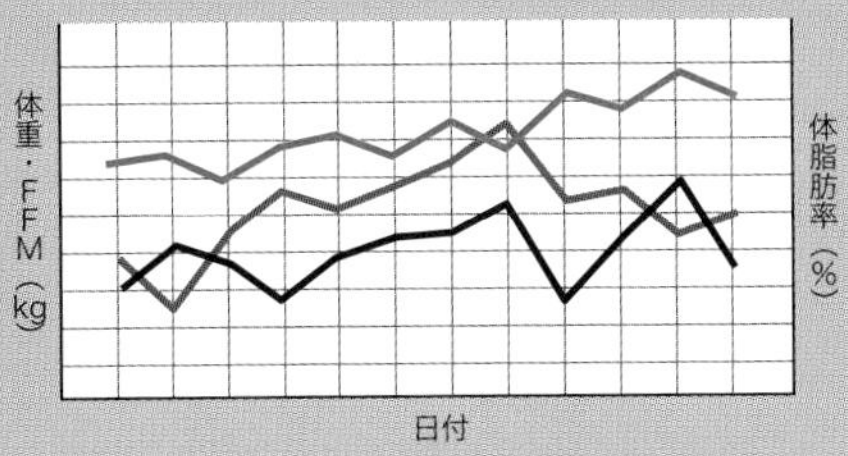

※ BMI（Body Mass Index：体格指数）

設定することをお勧めします。

身体組成の測定は月1回程度で十分であり、測定には同じ機種を用いてください。生体電気インピーダンス法を用いる時には、食後2時間以上経過後の汗をかく前（練習開始前）のタイミングで測るようにしましょう。

日常の食事ポイント2　3食の食事をおろそかにしない

短距離種目では高い瞬発力を発揮しますが、ジョギングのような有酸素トレーニングは少なく、トレーニング時間がだらだらと長くなることはあまりありません。長距離選手と比べてエネルギー消費量も少なく貧血にもなりにくいため、日常の食事摂取が大切だという認識を持っていない選手が多いようです。短距離選手では早朝練習がなくて時間的余裕はあるはずにもかかわらず、朝食の摂取がおろそかになりがちな選手が散見されます。時間がないと、ごはん・パンと飲み物だけ、または昨日の残り物を少量食べる程度で済ませてしまうというケースもあります。

そこで、朝食ではごはんかパン（主食）とたんぱく質のおかず（主菜）の確保を必須と考えてください。ごはんは糖質の供給源であり、筋肉中のグリコーゲン量や血糖値を高めて午前中の脳の働きを活発にします。短距離選手に必要な糖質量は体重1kgあたり3～6gとされています（文献3）。幅があるのは、トレーニング量が時期により大きく異なるためです。したがって、トレーニング状況に合わせて糖質量も調整するようにしましょう。

例として、通常のトレーニングで体重1kgあたり5gの糖質摂取をしたい場合について考えてみましょう。大学生短距離選手の体重を男子67kg、女子54kgと仮定すると、男子は335g、女子は270gの糖質が必要という計算になります。1日で必要な糖質量の8割を主食であるごはんでとるとして換算すると、1食のごはんの量は男子で255g、女子では206gとなり、さほど多い量にはなりません。

このように、1食のごはんの量は茶碗1杯程度で良いのですが、毎食主食も抜かないようにし、バランスよく食べることを心がけましょう。各自の体格に合わせて必要な糖質量を計算して、現在の量が適しているかをチェックしてみましょう（24ページ参照）。

日常の食事ポイント3　たんぱく質は夕食に偏らないように分散させよう

短距離選手は筋量の多いからだを目指してトレーニングをするため、たんぱく質の摂取も大切です。トップアスリートでは体重1kgあたり1.6〜2.2gの摂取が推奨されています。たんぱく質は1日に必要な量をとるだけでなく、1回の摂取量も大切であることが最近の研究（文献4）で明らかになっています。具体的には、補食を含めて1回20〜30gのたんぱく質を3〜5回に分けて摂取するほうが体たんぱく質の合成にとって有利となります。

たんぱく質がとれる食品を表1-2にまとめました。1つの食品やサプリメントからではなく、これらの食品を組み合わせて献立に組み込むようにします。朝食は少なめだが夕食でおかずをガッツリという食べ方ではなく、できるだけ毎食に分けてとるようにしてください。1食あたりの肉や魚などの量として90〜100g程度を目安に食べ

表1-2　たんぱく質のとれる主な食品

たんぱく質量	食品名	重量（g）	概量
6g	卵	50	M1個
	納豆	40	1パック
	牛乳	200	コップ1杯
	スライスまたは6pチーズ	26	1.5枚（個）
	ロースハム	37	1パック
	ウインナー	48	3本
	ツナ（水煮缶）	38	小1/2缶
18g	牛肉モモ赤身	90	薄切り3枚
	豚肉ロース 脂肪無し	90	薄切り3枚
	鶏ムネ肉 皮なし	80	約1/3枚

れば、18～20ｇ程度のたんぱく質（卵マーク3個分）を摂取することができます。

体格の大きな選手が効率よくたんぱく質をとるためには1食100～120ｇの肉や魚が目安となります。本書では少し多めの肉を使用している献立（例：121ページのよだれ鶏）もありますので、体格や目的に応じて量の調整はしてください。また、補食では、牛乳、チーズ、ヨーグルト、サラダチキンなどを活用して、たんぱく質の補給をするとよいでしょう。

リカバリーのための食事ポイント

短距離選手のトレーニングは骨格筋のダメージが大きいため、トレーニング後にたんぱく質源となる食品や料理をとり、リカバリーを促しましょう。スプリントトレーニング後に糖質とたんぱく質を同時に摂取すると、筋グリコーゲン貯蔵と筋たんぱく合成の両面からトレーニング後の回復がより良好になることが報告されています（文献3）。糖質だけを体重あたり1.2ｇ摂取した場合と比較して、1時間あたりで糖質を0.8ｇとたんぱく質を0.4ｇ摂取しても同等の回復が期待できます。

トレーニング後、食事までに時間がある場合には、サケやそぼろのおにぎり（男子1.5個、女子1個）と牛乳、ハムや卵のサンドイッチと果汁100％オレンジジュースといった組み合わせにすることにより、リカバリーに必要な糖質とたんぱく質を摂取することができます。

食事の基本形と食事のセルフチェック

主食や主菜をそろえ、野菜類・いも類などの副菜もそろっている食事の形として、「アスリートの食事の基本形」が挙げられます（82～83ページ参照）。短距離選手が食事の質をより良くするためには、まずは「アスリートの食事の基本形」に近い形で毎食とれているか、左に示す食事のセルフチェックシートを用いてチェックしてみましょう。その結果、塗れていない頻度が高いものは主食、主菜、副菜、牛乳・乳製品、果物のうちどれかを特定します。まずはそれをプラスするように心がけることが食事改善の第一歩となります。

食事のセルフチェックシート

月　日〜　月　日

今週の食事の目標

1週間たって、
目標は達成できましたか？
○＝できた、
△＝まあまあできた、
×＝できなかった

	朝食	昼食	夕食	今日の反省	練習時間と内容
月曜日（記入例）／	果物 副菜 牛乳・乳製品 主菜 主食 副菜	果物 副菜 牛乳・乳製品 主菜 主食 副菜	果物 副菜 牛乳・乳製品 主菜 主食 副菜	昼食は食欲がなくおかずが少なかった。	朝はトレラン5km。夕方は通常練習3時間
月曜日 ／	果物 副菜 牛乳・乳製品 主菜 主食 副菜	果物 副菜 牛乳・乳製品 主菜 主食 副菜	果物 副菜 牛乳・乳製品 主菜 主食 副菜		
火曜日 ／	果物 副菜 牛乳・乳製品 主菜 主食 副菜	果物 副菜 牛乳・乳製品 主菜 主食 副菜	果物 副菜 牛乳・乳製品 主菜 主食 副菜		
水曜日 ／	果物 副菜 牛乳・乳製品 主菜 主食 副菜	果物 副菜 牛乳・乳製品 主菜 主食 副菜	果物 副菜 牛乳・乳製品 主菜 主食 副菜		
木曜日 ／	果物 副菜 牛乳・乳製品 主菜 主食 副菜	果物 副菜 牛乳・乳製品 主菜 主食 副菜	果物 副菜 牛乳・乳製品 主菜 主食 副菜		
金曜日 ／	果物 副菜 牛乳・乳製品 主菜 主食 副菜	果物 副菜 牛乳・乳製品 主菜 主食 副菜	果物 副菜 牛乳・乳製品 主菜 主食 副菜		
土曜日 ／	果物 副菜 牛乳・乳製品 主菜 主食 副菜	果物 副菜 牛乳・乳製品 主菜 主食 副菜	果物 副菜 牛乳・乳製品 主菜 主食 副菜		
日曜日 ／	果物 副菜 牛乳・乳製品 主菜 主食 副菜	果物 副菜 牛乳・乳製品 主菜 主食 副菜	果物 副菜 牛乳・乳製品 主菜 主食 副菜		

種目別
02

中距離選手の栄養摂取

トレーニング状況に合わせて糖質やたんぱく質を含む補食をとる

POINT

1 トレーニングスケジュールに合わせて食事計画を練る

2 補給しやすい食品を常備しておく

3 ビタミンB群の摂取がトレーニング時のエネルギー産生を円滑にする

中距離選手の生理的特徴（文献5）

中距離選手は高いレベルのスピードと持久力を身につける必要があり、競技力向上のためには有酸素性と無酸素性の両方の能力を高める必要があります。しかし、中距離種目でも距離により有酸素能力や発揮パワー、エネルギー供給系は異なるという特徴があります。中距離選手のトレーニングは通常、長距離選手と似たような状況であることが多く、さまざまなトレーニング形式で1日に複数のトレーニングセッションが行われる場合がほとんどです。そのため、中距離選手は短距離選手と長距離選手の両方の栄養摂取ポイントを取り入れた望ましい栄養摂取を心がける必要があります。

中距離選手は体脂肪率が低めで筋肉質の引き締まったからだを目指し、レースでのスピードとパワーを向上させる必要があります。秋から冬にかけてはトレーニング量が多く、トレーニングはシーズン中徐々に高強度から低強度へとシフトするため、選手にとって最適なエネルギー量やたんぱく質の摂取量は、時期や各段階に特化したトレーニング状況に応じてかなり変化します。

日常の食事ポイント1 トレーニング状況に合わせて食事内容を調整する

栄養摂取をするにあたり、マクロ期間（月〜週単位）とミクロ期間（週〜日以内）の2つに分けて考えることが特に中距離選手には推奨されています。マクロ期間では、月から週単位でトレーニングスケジュールに合わせた食事計画を考えるようにします。また、試合に向けてどのように調整していくかについても整理します。

中距離トレーニングの大部分は中〜高強度で行われるため、エネルギー源として糖質を多く使います。したがって、筋グリコーゲンの貯蔵量を回復させるために、1日に体重1kgあたり6〜7g程度の高糖質の食事をするようにします（表1-3参照）。また、ハードなトレーニングをする場合には、骨格筋の合成を促すためにたんぱく質摂取量を1日に体重1kgあたりで1.5〜1.7gにするとよいと考えられます。しかし、軽いトレーニングや休息日、

表 1-3 種目別の糖質摂取目標量

種目	練習強度・内容	体重 1kg あたり 1 日あたりの摂取目標量（g/kg 体重 / 日）
短距離	低強度または技術練習	3〜5
	中強度以上の練習時	5〜6
中距離	中強度以上の練習時	5〜7
長距離・競歩・マラソン	通常練習期	7〜8
	強化練習期	8〜10
跳躍・投てき	通常練習期	3〜6
混成	通常練習期	5〜6

回復期には糖質摂取量はやや少なくして問題ありません。試合前調整期にはいつもと変わらないごはん量をとり、たんぱく質のおかずは気持ち少なめで脂肪量の多くないものを選びましょう。

マクロ期間としては、毎週または毎日の食事がバランスよくとれているかについて確認します。そしてエネルギー源の補給と体たんぱく質の合成を効率よく行うために、1日のトレーニングセッションの回数が多くなる時には、糖質やたんぱく質を含む補食をとるように調整しましょう（30ページ参照）。

さらに、強い腱や良い体調を維持するためには、ビタミンやミネラル類の適度な摂取も必要となります。表1-4のように練習状況や体調を記録しておくことをお勧めします。体重の変化は食事量が適切かどうか、体調の変化は食事の質が適切かどうかを判断する材料になることを覚えておきましょう。

日常の食事ポイント2 補給しやすい食品を常備する

エリート中距離選手ではパフォーマンス向上のために、カフェインや硝酸塩などのサプリメントが推奨されるという記事を目にすることがあります。しかし、日本人選手を対象としたエビデンスはほとんどありません。これらは摂取量が多くなれば効果が高くなるとも限らず、とりすぎると嘔吐や胃腸障害、血圧低下などを引き起こすリスクもあり、日本陸連医事委員会では推

表 1-4　練習状況・体調チェック表

練習状況	低い ←→				高い
練習強度	1	2	3	4	5
練習量	1	2	3	4	5
疲労度	1	2	3	4	5
練習への意欲	1	2	3	4	5
技術的調子	1	2	3	4	5

調子	悪い ←→				良い
睡眠	1	2	3	4	5
食欲	1	2	3	4	5
食事量	1	2	3	4	5
体調	1	2	3	4	5
けがの状態	1	2	3	4	5

文献6より著者一部加筆

奨していません。サプリメントに頼る前に、心身の体調をととのえる土台となる食事をととのえ、各自に適した食生活が送れるように食環境整備をしたいものです。

冷蔵庫には、いつでも食べられるようにいくつかの食品を常備しておくことをお勧めします。たんぱく質源の食品では卵、納豆、ハム、牛乳、チーズ、ヨーグルト、豆腐、魚缶詰などがあります（91ページ参照）。また、果汁100％の柑橘系ジュースや野菜ジュース、レトルト食品なども手軽に食べられ、わかめや高野豆腐などの乾物は料理に活用しやすいのであると便利です。野菜類では、小松菜、ほうれんそう、ブロッコリーなどの緑黄色野菜（67ページ参照）を切らさないようにしておきたいのですが、冷凍野菜も買い置きしておくと便利です。最近では洗わずに食べられる野菜ミックスも各種売られていますので、これらを活用しましょう。

日常の食事ポイント3　代謝を助けるビタミンB群を豚肉や野菜から

中距離種目では試合での距離が短くなるほど糖（グリコーゲン、グルコース）を分解して乳酸を生み出す解糖系を使います。競技力向上のためには乳酸を作り出せる能力も重要となりますが、乳酸がたくさん生成されると筋肉内は酸性に傾き、筋グリコーゲンの減少と相まって筋疲労の原因となります。しかし、乳酸は単なる老廃物質ではなく、肝臓に運ばれてグルコースを合成するために使われていきます（糖新生）。

グルコースなどのエネルギー源物質が運動時のエネルギー源として使われていく過程では、ビタミンB群が酵素の働きを助ける補酵素として生理作用を発揮しています。エネルギーをたくさん消費する中・長距離選手はビタミンB群の消費も多くなることから、食事からしっかりとビタミンB群も補給する必要があります。ビタミンB群にはB_1やB_2以外にもナイアシンやパントテン酸など8種類があり、次ページに示すような食品に豊富に含まれています。これらを日々の食事メニューに無理なく取り入れることをお勧めします。豚肉は1

日1回主菜とするほか、ハムやウインナーを朝食に加えたり、副菜などに入れたりして積極的に食べるようにしてください。

また、著者が長年にわたり選手の食事調査をしてきた中で、たいていの選手に不足しているのは緑黄色野菜類なのです。緑黄色野菜とは、中まで緑や赤などの色が濃い野菜のことをさし、ビタミン類や鉄・カルシウムなどのミネラル分も豊富に含まれています。

スポーツをしていない一般人では野菜は1日あたり３５０ｇ、そのうち緑黄色野菜は１２０ｇ以上を摂取することが厚生労働省により示された目標量となっています。しかし、どの年代や性別においても摂取の平均値は目標量に達していません。このことから、本書では他のページでも緑黄色野菜の摂取を推奨しています。

写真1に選手に1日に摂取してほしい野菜量を示しました。選手の場合、全体として一般人よりも１００ｇほど増やさないと、ビタミン

TIPS

ビタミンB群を豊富に含む食品

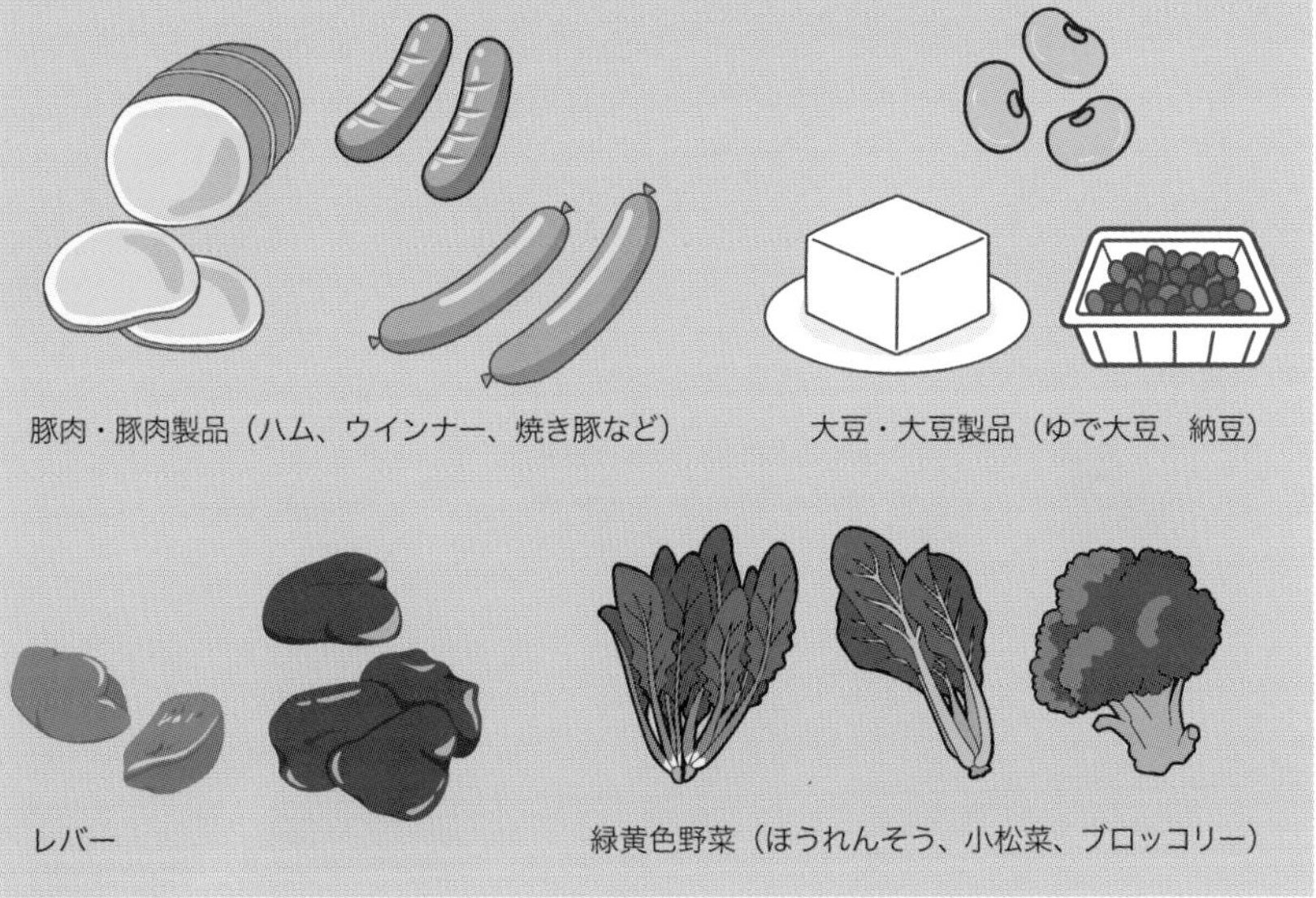

やミネラルがとりきれないことになります。この時、できるだけ緑黄色野菜で増やすようにしたいので、調理上の工夫を93ページに例示しています。スパゲティーや麺類をゆでる時には一緒に緑黄色野菜を追加するようにします。ただし、最初から入れてしまうとゆですぎになってしまうので、麺がゆで上がる1～2分前に加えるようにするとよいでしょう。

　最近では野菜を簡単に食べられる電子レンジ用の容器も売られています。これを活用すれば鍋を出したりする手間もかからないので、料理が苦手な選手でも野菜をしっかりとることができます（118ページのレンジで温野菜参照）。

写真1　1日に摂取してほしい野菜量

アスリートに必要な野菜は400g以上
(緑黄色野菜150g、淡色野菜250gの例)
小松菜、ブロッコリーなど緑黄色野菜を多めにとろう

長距離選手の栄養摂取

エネルギー不足や疲労骨折、貧血予防に留意して食事をとろう

POINT

1 消費した分のエネルギー補給がコンディション維持のキーになる

2 カルシウム＋ビタミンDで疲労骨折を予防する

3 鉄＋ビタミンCで貧血を予防する

長距離選手の生理的特徴

長距離種目は速いスピードや瞬発力よりも、全身持久力すなわちスタミナや粘り強さが要求されるという特徴があります。有酸素性能力によってパフォーマンスの大部分が説明できると言われており、最大酸素摂取量、乳酸性代謝閾値、走の経済性という3つの要因が関連しています（文献7）。この持久的特性は、ランニングと競歩で大きな違いは認められていません。これらを高めるために、長距離選手は毎日長時間の走行または歩行練習を行っているため、エネルギー消費量がとても多くなります。

走行距離を重視する持久的トレーニングと、走速度を重視するインターバルトレーニングがあり、どちらを

重視するかは指導者やチームの状況によって異なりますが、糖質をエネルギーとして使うため筋グリコーゲンの消耗が激しく、毎日の筋グリコーゲン補充が極めて重要となります。一方で、脂質をエネルギーとして利用する能力もトレーニングにより高めていくことが求められます。

自体重を遠くへ速く運ぶ競技であるため、余分な体脂肪がついていない引き締まったからだが適しています。しかし、体重管理のためにウエイトコントロールを長期にわたって行う場合には、エネルギー制限によりホルモン分泌や月経などの生理機能を維持するために必要なエネルギーや栄養素が不足しやすくなり、さまざまな生理的機能の低下や阻害を起こしやすくなるため、痩せすぎも注意が必要です。

日常の食事ポイント1　消費したエネルギーをしっかりとる

日本人長距離ランナーの平均月間走行距離は、大学生ランナーで６５０～７００㎞、高校駅伝に出場する選手では週１００～１１０㎞であったことが報告されています。オリンピックのメダリストは月１２００㎞も走っていたことが報告されていることからみても、競技レベルが上がるほど走行距離が長くなる種目であり、競歩でも同様です。男子選手では1日あたりで４０００ｋｃａｌ、女子選手でも３０００ｋｃａｌを超えるエネルギー消費量があることも珍しくありません。したがって、まずは消費したエネルギーをしっかりと食事から補うことが先決です。

また、運動強度が上がるにつれて筋グリコーゲンをエネルギー源として利用する割合が高くなっていき、ランニングのような高強度な運動になると、筋グリコーゲンが主なエネルギー源となります。日々の食事から糖質をしっかりと補給して、筋グリコーゲンの回復をはかる必要があります。種目別の糖質摂取の目標量を表１－３（17ページ）にまとめました。長距離選手のための1日の糖質の摂取量は体重１kgあたり7～10ｇが推

奨され、他種目よりも多いことがわかります。これを通常練習期は体重1kgあたり7〜8g、強化練習期には8〜10gという具合に、トレーニング量に応じて設定します。この量を確保するには意識してごはんを食べる必要があります。

　各自が食べるべきごはんの量を下に示した流れにしたがって計算してみてください。この計算をすることによって、栄養摂取の数値的基準を各選手の体格に合わせた毎回の食事へと展開させることができるようになります。

　また、糖質をエネルギー源として代謝する過程では、ビタミンB_1が必要不可欠です。ビタミンB_1を多く含む豚肉や緑黄色野菜、大豆製品なども合わせてとるように心がけると、疲労回復に役立ちます（20、21ページ参照）。

TIPS

あなたに必要なごはんの量を算出してみよう

Step 1　1日に必要な糖質量を算出する

現在の体重 ［　　　］ kg

×

糖質量※1 ［　　　］ g

＝

1日に必要な糖質量 ［　　　］ g/日

陸上選手が1日に必要な種目別糖質摂取量の目安

※1：練習量が少ない場合は低い値を、多い場合は高い値を採用して計算してください

種目	練習強度・内容	体重1kgあたり1日あたりの摂取目標量（g／kg体重／日）
短距離	低強度または技術練習	3〜5
	中強度以上の練習時	5〜6
中距離	中強度以上の練習時	5〜7
長距離・競歩・マラソン	通常練習期	7〜8
	強化練習期	8〜10
跳躍・投てき	通常練習期	3〜6
混成	通常練習期	5〜6

Step 2　1食に必要な糖質量を算出する

1日に必要な糖質量 ［　　　］ g/日 ÷3＝ 1食に必要な糖質量 ［　　　］ g

Step 3　1食あたりのごはんの目安量を算出する（1食に必要な糖質量をごはんのみで摂取する場合）

1食に必要な糖質量 ［　　　］ g/日÷35※2×100＝＿＿＿＿＿ g/食（1食にあたりのごはんの目安量）

※2：ごはん100gには糖質35gが含まれる

日常の食事ポイント2　疲労骨折を予防するにはカルシウム+ビタミンD

日本陸連医事委員会の調査（文献8）によると長距離選手は他種目と比較して疲労骨折の発生率が高いことが報告されています。特に女子で平均週間走行距離が１００km以上の選手や無月経の既往のある選手で疲労骨折が多く見られることもわかっています。

たくさん運動でエネルギーを消費するにもかかわらずエネルギー摂取量が不足している場合、体内で生理的機能の維持に利用できるエネルギー（エナジーアベイラビリティー：ＥＡ）が低くなりますが、低ＥＡの状態が続くと脳の視床下部や下垂体からのホルモン分泌が悪くなり、骨の健康に影響を及ぼし、男女問わず疲労骨折を起こしやすくなります。小学校や中学校から競技を始めた選手は、高校や大学から競技を始めた選手より大学で疲労骨折を発症しやすいことから、競技歴が長い選手は疲労骨折によりいっそうの注意が必要です。

疲労骨折予防のためには骨の材料となるカルシウムを十分に摂取することも大切なことなのですが、カルシウム摂取が十分であったとしてもエネルギー不足の状態だと骨の形成よりも壊すほうが盛んになってしまいます。また、カルシウムの腸管からの吸収を良くするビタミンDや、骨強度に関与するビタミンＫを十分に摂取する必要もあります。日本人選手を対象とした研究（文献9）によると、エネルギー不足の原因としてごはん、肉類、牛乳・乳製品が不足していたことが報告されています。疲労骨折の経験者は特に、これらが不足しないように心がけてください。

丈夫な骨をつくり維持するために必要な上記の栄養素は、目的別03の63ページの図に示したように、含まれる食品が重なり合っています。これらをすべて含んだ献立例も掲載しましたので、作り置きしてみてください（102ページの小イワシの南蛮漬け参照）。

日常の食事ポイント3　貧血を予防するには鉄＋ビタミンC

長距離・競歩選手は貧血既往歴が他の種目と比較して多いことも知られています（文献8）。貧血は女子選手に起こりやすいと考えられがちですが、トレーニングにより骨格筋が発達しやすい男子選手にももちろん起こります。特に、走り込みをする夏合宿の後や中学から高校に進学して練習量が増える時期などに起こりやすくなります。日本陸連の調査では、全国高校駅伝や全日本大学駅伝選手の6割以上の選手に貧血の既往がありました。

貧血または貧血傾向になっただけでも、持久力は低下してパフォーマンスへの影響があります。貧血の指標となる血液中のヘモグロビンは鉄とたんぱく質が結合したものであるため、鉄だけ摂取しても貧血が改善されないことがあります。貧血の早期発見のためには、血液検査でフェリチンも測定してもらい、その値をチェックすることをお勧めします。詳しくは目的別02（56〜59ページ）をご覧ください。

貧血予防の観点から、鉄の多い食品（58ページの表3 - 2参照）を積極的に取り入れるようにしますが、腸管からの鉄の吸収を良くするために、ビタミンCを含む果物や野菜も積極的に組み合わせましょう。また、体内に貯蔵されたエネルギーが十分にあることも、貧血の予防や治療のために欠かせない条件となります。

疲労骨折や貧血、食品系の心配がある選手は、専門家にアクセスしてください。スポーツドクターや公認スポーツ栄養士は、日本スポーツ協会のウェブページから検索できます（https://www.japan-sports.or.jp/coach/DoctorSearch/tabid75.html）。

種目別
04

跳躍・投てき・混成選手の栄養摂取

補食を活用して筋グリコーゲンの回復とたんぱく質の合成をはかる

POINT

1 質の良いたんぱく質源と調理法を組み合わせて調整する

2 補食を上手に活用して糖質とたんぱく質を補給する

3 腱や靭帯強化のために野菜と果物の摂取を強化しよう

跳躍・投てき・混成選手のトレーニングの特徴

跳躍には水平方向の跳躍距離を競う種目と、鉛直方向の高さを競う種目がありますが、いずれも空中にからだを投げ出す動作を含みます。跳躍選手は短距離選手に必要な体力要素、体力レベルに加え、短距離選手よりも柔軟性と調整力を必要とします。高いスプリント力が求められるため、体重と体脂肪が低めで、適切なＢＭＩであることが競技力に影響します。

投てきでは投てき物の加速力とコントロールが競われるため、筋量が多いことが要求されます。そのため体重は比較的大きくなり、瞬発的・爆発的な筋力発揮をする能力が必要です。跳躍と投てきの選手のエネルギーはＡＴＰ－ＣＰ系に依存します。

混成選手（成人）では男子が十種目、女子が七種目を行います。半分はスプリント力が関係する種目ですが、走り込みによる持久力の向上や、基本的な筋力トレーニングと技術トレーニングによる筋力の向上を目指すなど、さまざまな身体能力を高める必要のある種目です。

種目の実施形式はそれぞれ異なりますが、栄養摂取のポイントは共通しているため、本書ではこの3種目をまとめて解説します。

日常の食事ポイント1 糖質と、質の良いたんぱく質源食品を摂取する

糖質量は適度に摂取できていれば問題ありません。体重あたりの糖質摂取量は3～6gとさほど多いわけではありませんが、体重が大きいため、1日に必要な糖質量は長距離とあまり変わらない場合もあります。例えば、体重56kgの男子長距離選手が体重1kgあたり8gの糖質を摂取する場合、糖質量は448gとなります。一方、75kgの男子投てき選手が練習の多い時期に6gの糖質を摂取する場合、450gとなります。ごはんの量にすると400g程度です。ただし、トレーニング量が多くない場合は茶碗1杯（200g程度）でもよい場合もあります。毎食1杯のごはんは必要です。たんぱく質を重視するあまりごはんを食べないということがないようにしましょう。混成

表1-5 糖質のとれる主な食品

糖質量	食品名	重量(g)	概量
35g	ごはん	100	おにぎり1個分
	バナナ	170	大1.5本
70g	ごはん	200	茶椀（大）1杯
	食パン	160	6枚切り2.5枚
	うどん（ゆで）	360	1.8玉分
	そば（乾）	90g	約1人前
	スパゲティー（乾）	105	一人前強
105g	ごはん	300	丼1杯（300g）

糖質量は利用可能炭水化物（質量計）で計算

選手は跳躍・投てき選手よりも糖質の必要量はやや多めとなるため、5~6gの糖質摂取を目安にしてください。

たんぱく質の必要量は、跳躍は体重1kgあたり1.5~1.8g、投てきは1.5~2.2g、混成は1.5~2.0gとされており（文献10）、高い値のほうは全身トレーニングをする場合の値となっています。種目によって体重が違うので、各自の体重に合わせて計算し、13ページの表1-2を参考にどれだけの食品が必要かの目安を把握しましょう。

たんぱく質が含まれる食品の代表は肉ですが、同じくらいの値段でも図1-1に示したように脂肪が少ない赤身と脂肪が多いバラでは含まれる栄養価に大きな違いがあります。種目特性を考慮するといずれも体脂肪は多くしたくはないため、脂質の少なめなものを選択するようにし

図 1-1 食材と調理法の組み合わせによるエネルギーの違い

エネルギー	食材例	調理法	調味料
高 ↑	**超高エネルギー食品** ベーコン、ウインナー、豚バラ、牛サーロイン、牛ひき肉	天ぷら、フライ（油）	バター、マーガリン、マヨネーズ
	高エネルギー食品 鶏ひき肉、鶏手羽、ハム、豚カタ、マグロトロ、ギンダラ、サバ、サンマ、ニシン、ブリ	かき揚げ、素揚げ（油）	ドレッシング ・サウザン ・中華 ・フレンチ
	中エネルギー食品 豚モモ、豚ヒレ、豚レバー、牛モモ、牛レバー、鶏ササミ、鶏レバー、サケ、アジ、マグロ赤身、イワシ、カツオ	炒める、焼く（油）	ソース、ケチャップ
	低エネルギー食品 タラ、アサリ、アワビ、イカ、タコ、じゃがいも、里いも、豆腐、野菜	煮る（砂糖・しょうゆ）	ノンオイルドレッシング（しそ・ゆず）、塩、レモン、ポン酢、しょうゆ
↓ 低	**超低エネルギー食品** きのこ、海藻、こんにゃく	生 焼く、ゆでる、蒸す	そのまま食べる

早稲田大学女性アスリートプロジェクトホームページより

100gあたりの成分比較

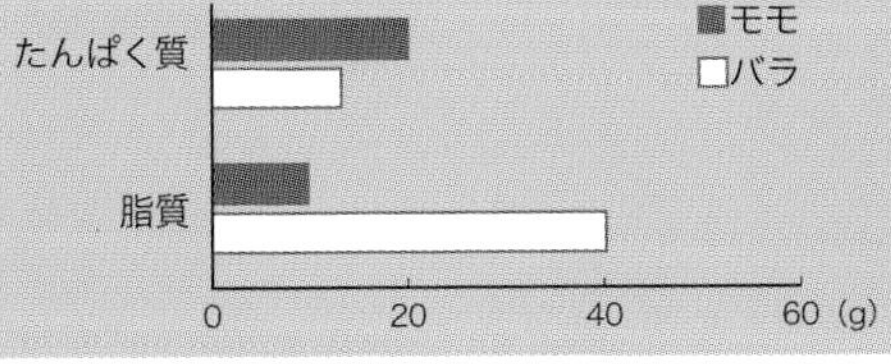

食材と調理法の組み合わせを上手に選択すれば、エネルギーや脂質の摂取を控えることができます

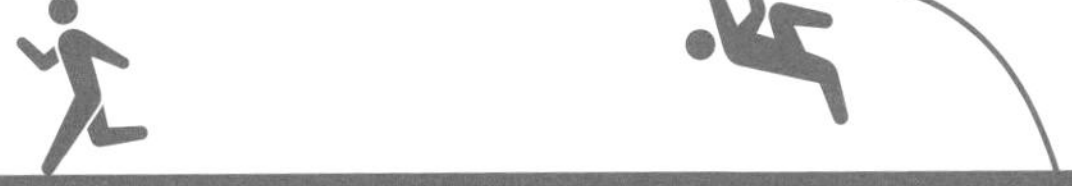

てください。鶏肉はたんぱく質が多く脂肪が少ない、豚肉は脂肪が多い、などと誤解されていることもありますが、肉の種類と部位によって違うことを理解してください。また、鶏肉だけだと必要なビタミンB_1や鉄がとりきれないこともありますので、いろいろな種類を組み合わせて主菜にすることをお勧めします。

肉の部位だけでなく調理法と調味料との組み合わせで、料理全体が高エネルギーになったり、低エネルギーになったりします（図1-1）。練習量の多い時期や増量期には高エネルギーにしても良いのですが、体脂肪を増やしたくない場合には、低脂肪となる組み合わせのメニューを選ぶとよいでしょう。

日常の食事ポイント2 補食を活用し、糖質とたんぱく質は数回に分けてとる（文献10）

1日に強度が高めのトレーニングセッションを2~3回行う場合、セッション間で筋グリコーゲンの回復をいかに速め、筋たんぱく質の再合成を促せるかが大切なポイントとなります。混成でトレーニング時間が長い場合にはトレーニング前に体重1kgあたり1~2gの糖質を摂取します。また、瞬発的・筋力トレーニングが中心の日には、次に示すたんぱく質摂取を意識してください。

糖質とたんぱく質を同時にとることにより、筋グリコーゲン回復と体たんぱく合成のどちらにとっても有利であることがわかっています。また、たんぱく質は1日あたりの量を確保することだ

TIPS

お勧めの補食例

けでなく、体重1kgあたり0.3g程度の少量ずつを1日数回に分けて摂取する（食事も含む）と、体たんぱく合成に有利とされています。跳躍は0.25～0.3g、投てきは0.3～0.4gと、投てきはやや多めなイメージとなります。したがって、糖質やたんぱく質を適量含む補食の摂取をお勧めします。

30ページに示すような補食を1日に2回程度、練習に差し支えない時間帯にプラスしましょう。最近では高たんぱくミルクや高たんぱくヨーグルトなども販売されていますので、活用するとよいでしょう。

日常の食事ポイント3　けが予防のためにビタミンCを補給

跳躍、投てき、混成競技の選手は強い筋力を発揮するため、けがをしやすくなります。けが予防のために腱や靭帯を強くする栄養補給も必要です。腱や靭帯は主にコラーゲンによって構成されています。コラーゲンは骨や軟骨にも含まれ、繊維状のたんぱく質の一種で、組織や細胞をつなぎ合わせる接着剤のような役割を果たしています。コラーゲンをサプリメントなどで摂取することもできますが、たんぱく質として分解されてしまい、コラーゲンとして体内で機能するわけではありません。コラーゲンは体内でアミノ酸とビタミンCが結合して合成され、ビタミンCが不足すると合成ができなくなります。そのため、材料としてビタミンCも不足しないように摂取しておくことをお勧めします。ビタミンCは体内でさまざまな働きをする栄養素であり、野菜や果物の摂取が少ない選手は不足しがちです。一度にたくさん摂取しても貯めておくことができません。みかん・オレンジ・グレープフルーツなどの柑橘系、キウイフルーツなどが年中手に入るビタミンCが多い果物です。季節性のものとしてイチゴ、メロン、柿などもありますので、季節の果物を楽しみながら食べるとよいですね。なお、バナナはフィールドでエネルギー源となる補食としてよく食べられていますが、ビタミンCはほとんど含まれていません。果物も使い分けが必要です。

Column 01

おなかにトラブルがあるなら、改善のために相性の悪い食べ物を減らしてみよう

種目や性別に関係なく、下痢、腹痛、腹部膨満感、ガス、便秘などの症状に悩まされる選手がいると思います。過敏性腸症候群がある人は、検査をしても目に見える異常は見つかりませんが、下記のような食品をとりすぎると症状がひどくなることがあります。これらは「FODMAP(フォドマップ)」といって、Fermentable（発酵性）、Oligosaccharides（オリゴ糖）、Disaccharides（二糖類）、Monosaccharides（単糖類）、Polyols（ポリオール）の頭文字から名付けられたもので、FODMAPの少ない食品や食事をとることにより、症状を軽減できることがわかっています。これらの食品は腸内細菌のバランスをととのえ腸の働きを良くするために本来は必要な食物であり、本書でも摂取を勧めています。しかし、体質によっては避けることが望ましい場合もあります。普段からおなかの調子が良くないことが気になっている場合には、消化器専門のドクターに相談したうえで食事を調整するとよいでしょう。

F 発酵性の　Fermentable

多く含む食品例

O オリゴ糖　Oligosaccharides

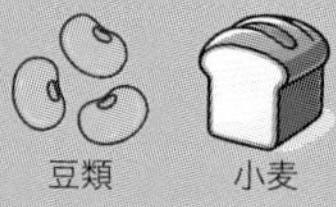

ライ麦、とうもろこし、ごぼう、にんにく、カシューナッツなど

D 二糖類　Disaccharides

一部のチーズ（クリームチーズ）など

M 単糖類　Monosaccharides

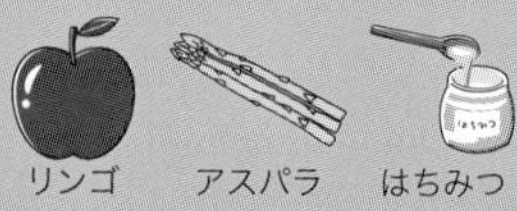

果物（梨、スイカ）など

A And

P ポリオール　Polyols

人工甘味料（キシリトールなど）

第2章

年代別編

発育期の子どもと成長を終えた成人では、
食育や栄養補給の留意点が異なります。
小学生から大学生・社会人までの年代別に
生活環境や練習の質と量の変化に配慮した
食事のとり方のポイントを解説します。

年代別
01

小学生

発育が著しい小学生の時期にきちんとした食習慣を身につけよう

POINT

1 朝食を絶対食べる習慣を身につける

2 好き嫌いを克服する努力をしよう

3 食事内容は少しずつ改善していこう

小学生の身体的特徴

小学生の特徴は、発育が著しく身長や体重が増加する時期であるということです。一般的に年間身長発育量のピークは、女子のほうが男子よりも2年ほど早く訪れますが、発育には個人差がかなりあります。発育の早さによって、早熟型、中間型、晩熟型と分類され、一般的な身長の伸び方をする中間型の男子の場合には、年間身長発育量のピークは13~14歳頃と中学生になってからです。しかし、成長が早い早熟型の男子は、年間身長発育量のピークが10~11歳頃であり、小学生高学年の時期に身長が急激に伸びる選手もいます。また、女子の場合の中間型は年間身長発育量のピークが11~12歳であることから、女子の多くは、小学生の時期に身長が

著しく伸びると考えられます。

　発育のピークがいつかを知るためには、学校での身体測定の身長や体重を継続して記録し、いつもよりも伸び率が増えているタイミングを見つけることです。年間身長発育量のピークの後に、男女とも筋肉や骨などの除脂肪量増加のピークが訪れ、その後に骨量増加のピークを迎えます（図２－１）（文献11）。発育には性差や個人差はありますが、身長発育量のピークの後は一時的に骨密度低下が起こること、関節や腱、筋付着部に負担をかける時期であることを知っておきましょう。このような発育が著しい小学生の時期にきちんとした食習慣を身につけることが、けがや病気をしないからだづくりへとつながります。

小学生の食事ポイント1
欠食をしない

食習慣の形成は離乳後から始まり、小学生

図 2-1　成長期における最大発育速度年齢と除脂肪量及び骨量の最大速度年齢（文献 11）

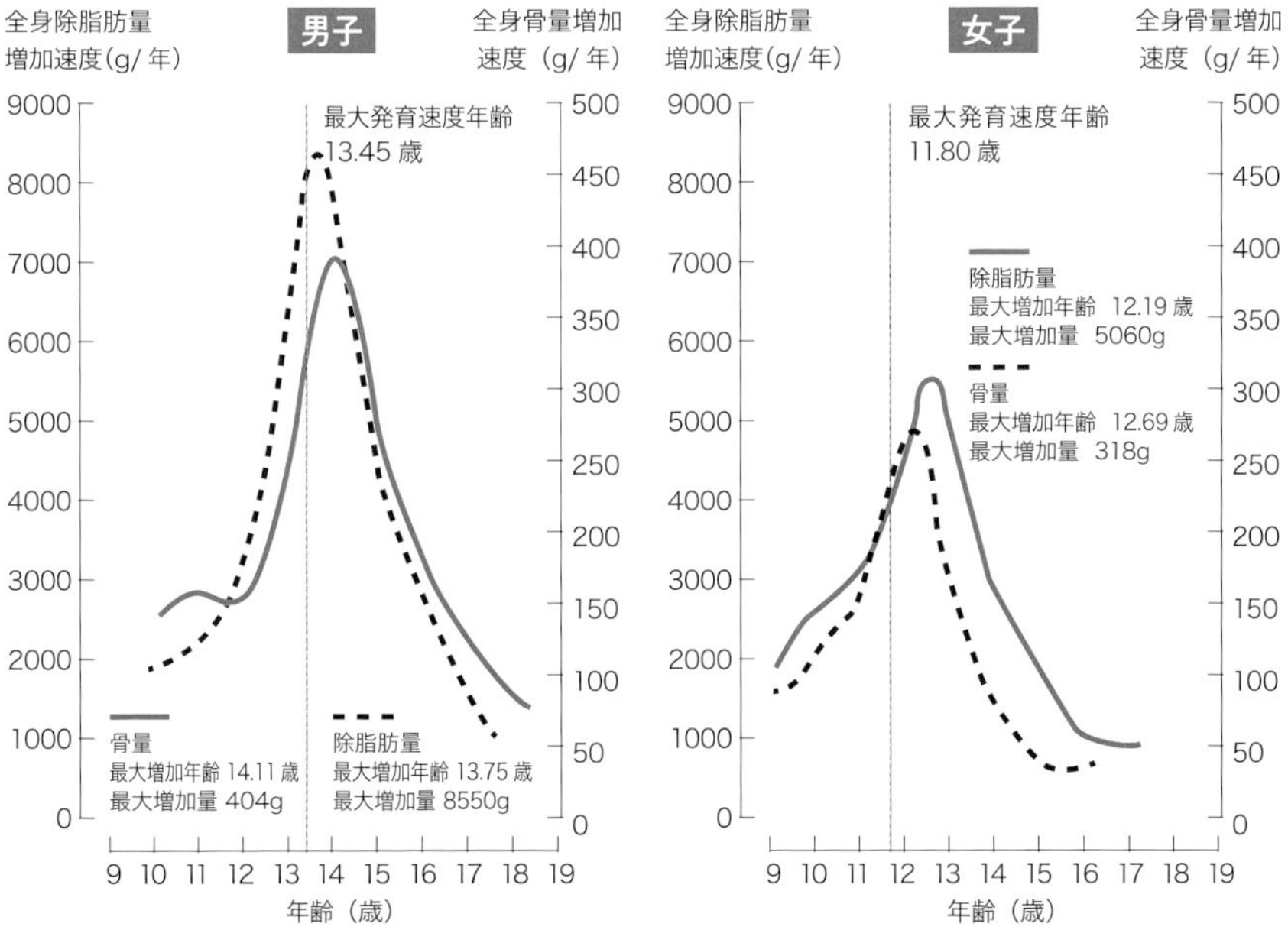

の時期の食生活である程度決まると言われています。特に小学生の時期の食生活はその先の基本的な生活習慣に大きく影響することとなります。つまりこの時期に、欠食せずに3食をとること、特に朝食はしっかりと食べることを生活習慣として確立することが非常に重要です。

朝食をとると、体内のホルモン分泌の1日の流れに沿ったリズムができ、これが良い睡眠につながります。良い睡眠は発育に欠かせません。また、朝食を欠食することにより学力低下につながることが報告されています。さらに、1回の食事量が少なくなりがちな小学生にとって、朝食をきちんととることは1日に必要なエネルギーと栄養素を確保することにもつながります。

全国小学生陸上競技交流会に出場した選手の調査（文献12）では、3食しっかり食べている選手と比較して、朝食を欠食もしくはドーナツのような単品のみの選手では、たんぱく質やカルシウム、鉄などのミネラル、ビタミンCなどの1日平均摂取量が少ないことが示されていることから、朝食の重要性がわかります。ただし、これまでに食べる習慣がないもしくはパンなど単品しか食べられない選手の場合、すぐに完璧な食事にすることは難しいと思います。その場合は、119、120ページに示したように、パン、ヨーグルト、オレンジジュースや納豆かけごはんなど、複数の食品を組み合わせるように少しずつ工夫して食事内容を改善し、バランスよく食べることを習慣づけていきましょう。

小学生の食事ポイント2　好き嫌いを克服する努力をしよう

小学生の時期は、さまざまな食べ物を好き嫌いなく食べられるようになることが大切です。この時期の食生活は、大人になってからの食習慣に大きく影響します。特に小学生の時期は好き嫌いが多くなりがちですが、保護者のほうも子どもが嫌いな食品だから食卓に出さないのではなく、調理を工夫して出すようにしましょう。

繰り返しいろいろな食材に触れ、少しずつでも食べられるようになることが、必要な多くの栄養素の確保につながるからです。そしてそれは、将来けがをしないからだづくりのためになり、合宿参加時にも困らなくなります。食事を楽しむ力を育むことにもつながります。

小学生の食事ポイント3　1食の食事内容を徐々にととのえる

食習慣を形成する小学生の時期に、1食ごとの食事内容をととのえていくことも同時に考えていきます。一般的に「栄養バランスの良い食事」とは、ごはんやパンや麺類などの主食、肉や魚のたんぱく質源のおかずである主菜、野菜料理を中心とした副菜の3つをそろえた食事をさします。しかし、スポーツをする小学生はこの3つだけでなく、主食、主菜、副菜2品に、牛乳・乳製品と果物をプラスできるようにします（「アスリートの食事の基本形」：82～83ページ参照）。

特に小学生低学年の場合には、これらをすべてととのえると食事量が多く感じてしまう可能性があります。その場合には、主食＋主菜が一緒になった料理、例えば、親子丼、カレー、焼きそば、サンドイッチなどを活用するとよいでしょう。

副菜は体調管理やからだづくりに必須となるため、野菜やきのこ類、海藻類を少しでもとる努力が必要です。副菜には、野菜の一品料理だけでなく、焼きそばや野菜炒めなど主食または主菜と一緒にとれるものや主菜の付け合わせ（千切りキャベツなど）、汁物も含まれます。お子さんが食べやすいものを選択するとよいでしょう。また、お子さんの食が細い場合や野菜嫌いの場合には、少量でも栄養価が高い緑黄色野菜を選ぶことがポイントです。例えば、簡単に食べられるミニトマトを添える、汁物はほうれんそうなどの緑黄色野菜を使った具だくさんのスープやみそ汁にするなど工夫して、副菜で野菜を少しでも増やすようにしましょう。

年代別
02

中学生

からだが大きく変化する時期。成長に合わせて食べる量も増やそう

POINT

1 栄養バランスの良い食事を定着させよう

2 補食を活用して成長に必要なエネルギーを確保しよう

3 丈夫な骨づくりのためにカルシウム摂取は大人以上に意識しよう

中学生の身体的特徴

中学生男子の多くは身長が最も伸びる時期に入ります。また、体重の増加に伴って筋肉や骨などの除脂肪量が著しく増えていきます。中学生の女子では体重が増えても除脂肪量の増加は少なく、体脂肪が増えやすい時期となっていきます。このように、中学生時は身体的に子どもから大人へとからだが大きく変化を遂げますが、個人差がかなり大きい時期ですので、自分の成長に合わせて食べる量も増やしていきましょう。また、女子では12～13歳頃には初潮を迎えますが、15歳になっても月経がきていない場合はスポーツドクターがいる婦人科を探して受診しましょう。

中学生の食事ポイント1　3食とも確実に栄養バランスよく食べる

中学生の時期は成長分と部活動としてトレーニングをする分の両方のエネルギーが必要となり、多くの栄養素の必要量も増えていきます。エネルギー補給を考えつつ栄養バランスをととのえる一番簡単な方法は、毎食、「アスリートの食事の基本形」となる主食、主菜、副菜、乳製品、果物をそろえることです。特にしっかり朝食をとる習慣を「定着」させることがポイントとなります。

中学生では部活動でトレーニング量も増えるため、3食のうちで朝食がしっかり食べられていない場合、1日のエネルギー摂取量の不足を起こす可能性があります。しかし、寝る時間が遅くなることにより翌朝なかなか起きられずに朝食を食べる時間が短くなって、朝食の内容がおろそかになることもあるでしょう。学校から家に帰った後の時間配分を工夫し、夜更かしせず、睡眠時間を確保することが大切です。そうすれば、朝に時間にゆとりを持つことができ、朝食を食べる時間が確保できます。

充実した朝食を食べることを中学生のうちに定着させれば、この時期に必要量が増えるエネルギーと栄養素が補給でき、丈夫なからだづくりにつながります。

TIPS

朝食でも
アスリートの食事の基本形を！

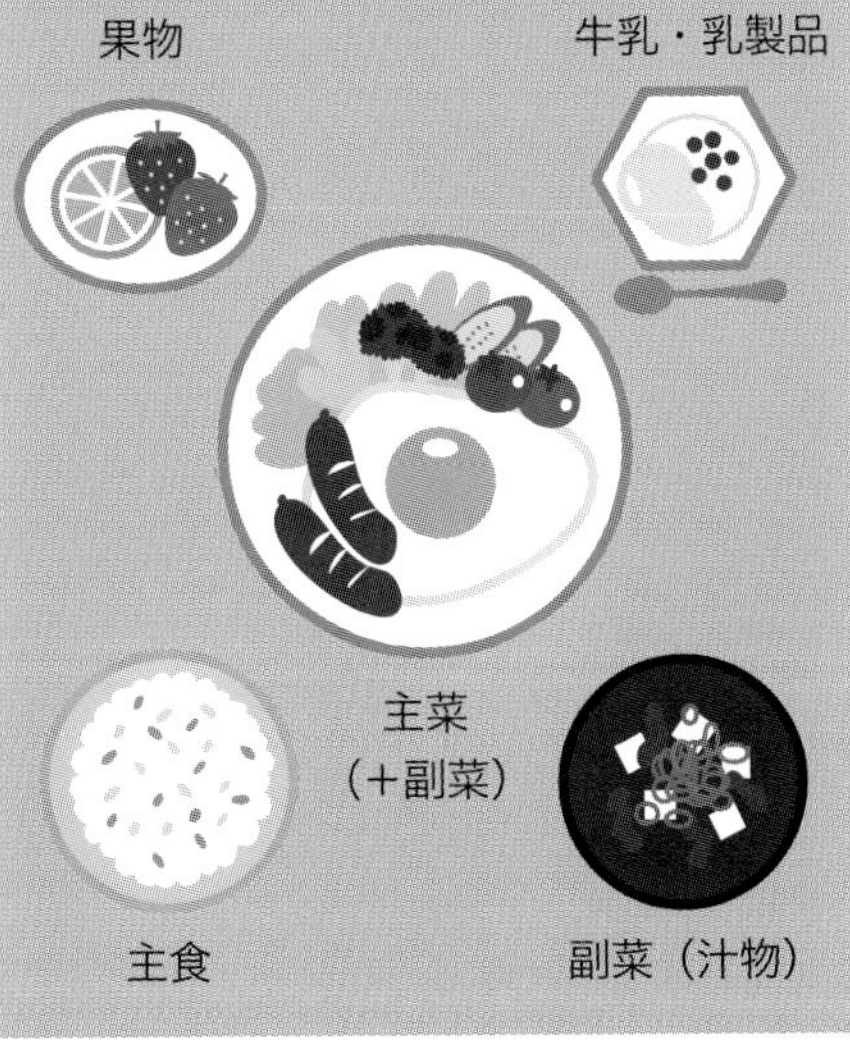

中学生の食事ポイント2　補食を上手に活用してエネルギーを確保する

発育が著しい中学生はエネルギーの必要量が体重1kgあたりで考えると成人よりも多いため、日本人の食事摂取基準で示されている1日の推定エネルギー必要量は、どの年代よりも多くなっています。そのため、この時期に必要なエネルギーを確保することが重要となります。

中学生は大人より内臓が未成熟であり1回に必要な食事量が確保できない時期でもあります。そのため、中学生の時期からは3食で補いきれないエネルギーや栄養素を補うために「補食」を活用しましょう。しかし実際には、学校の規則によりトレーニング前後に食べ物を持っていくことができないこともあります。その場合は、例えば、部活動をして帰宅後、帰ってすぐに果物や乳製品を食べたり、習い事の前におにぎりや果物を食べるとよいでしょう。

このように、「1食」の食事の中で「主食、主菜、副菜、乳製品、果物」の5つすべてをそろえようとせず、生活パターンに合わせて補食を活用しながら、1日のトータルでアスリートの食事の基本形が「3食分」そろうように食習慣を定着させることが大切です。

中学生の食事ポイント3　カルシウム摂取は大人以上に意識して

本格的に部活動を始める中学生の時期には、しっかりとエネルギーや栄養素の確保をすることがけがをしないからだづくりのために最も大切なことです。

全日本中学校陸上競技選手権大会（全中）に出場した選手の調査（文献13）では、疲労骨折をしたことがある選手が男子23.1％、女子14.3％であり、長距離選手だけではなく短距離、跳躍などでも5～6人に1人の割合で中学のうちに疲労骨折を経験していることが報告されています。全国大会出場レベルの選手の結果ではありますが、中学生も男女問わずどの種目でも疲労骨折が起こる可能性があるということです。その理由として考えられることは、中学生は成長段階にあり骨密度が高まりきっていない時期であるということです。

骨量は20代前半の頃にようやく最大の骨量を獲得するため、10代の時期は骨量を増やしている段階にあります（図2-2）。この時期に骨の成長を促すためのエネルギーの確保と骨の材料を摂取することが非常に重要です。骨量を高めておくことは、一生の健康につながります。

骨はカルシウムやたんぱく質が主な材料となります。中学生時にはカルシウムの必要量は成人より高くなりますが、カルシウムは意識してとらないととりきれない栄養素の1つです。給食で牛乳を摂取していても、それだけでは足りないので、中学生の時期は1日3回、乳製品をとる習慣をつけ、カルシウムが多いその他の食品（62ページ参照）も積極的に摂取しましょう。また、骨にかかわる栄養素はカルシウムだけではありません。63ページを確認し、この時期に丈夫な骨をつくりましょう。

図 2-2　年齢による骨量の変化

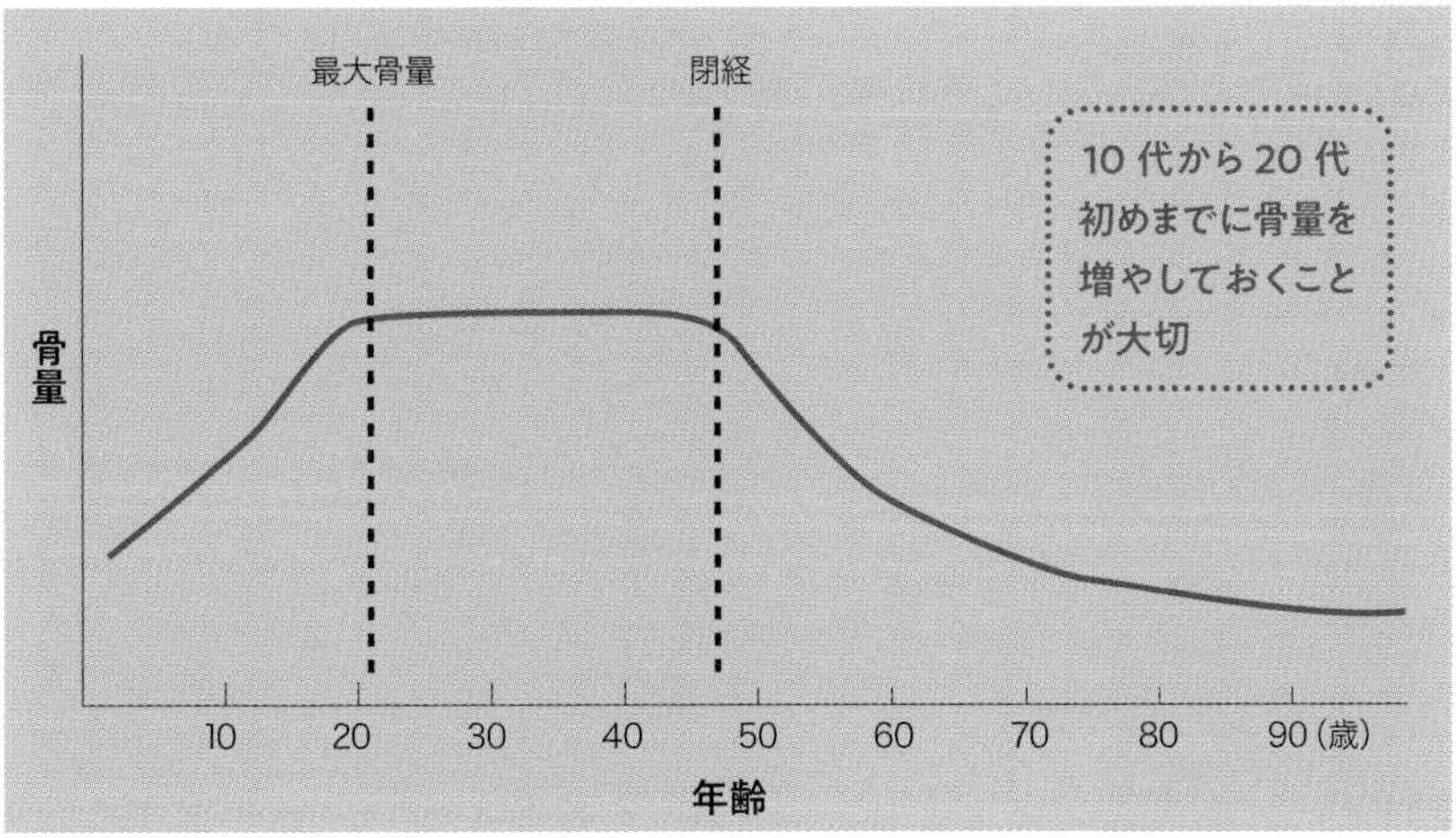

文献14に著者改変

年代別
03

高校生

トレーニングの量も強度も増えるのでエネルギー不足に気をつける

POINT

1 トレーニング内容に合わせて食事調整するスキルを磨こう

2 サプリメントより食事改善を優先しよう

3 補食摂取はタイミングと内容を考えて

高校生の身体的特徴

高校生では男子でも身長の伸びが落ち着いてきますが、筋量や骨量は大人に比べて少なく、増え続けている時期です。高校生になると部活でのトレーニング量が中学生の頃よりも格段に増え、かつ運動強度が高い専門的なトレーニングも増加するため、けがをしやすい時期であると言えます。

陸上競技選手のための栄養に関する合意文（2019）では、高強度のトレーニングを行う思春期のスポーツ選手の多くは、トレーニングによるエネルギー消費量の増加とエネルギー摂取量の不足が重なり必要なエネルギーが不足している状態（低エナジーアベイラビリティー）にあり、これが第二次性徴の遅れ、月経不順、骨の健康状態の悪化（骨密度低下や疲労骨折などのけが）、低身長、摂食障害の発生、けがリスクの増加など、多くの健康上の問題につながる可能性があることを指摘しています。そのため、トレーニング量に合わせて適切な栄養補給ができるように努力する必要があります。

高校生の食事ポイント1
トレーニングに合った食事を考えて食べるようにする

トレーニングによるエネルギー消費量に合った食事量がとれているかを知るための基本的なチェック項目は、体重と身体組成（体脂肪量と除脂肪量）です。体重は同じ体重計を使用し、毎朝排尿後に測定して変動を記録します。体重は1日1日の変動で一喜一憂せずに1週間程度での変化を見るようにしましょう。身体組成は一般的な身体組成計でよいのですが、測定するタイミングにより数値が変動するので、同じ時間帯に月1～2回程度測定します。

体重や体脂肪量が増加していれば、エネルギー消費量よりエネルギー摂取量が多いので、間食や脂っこいものを減らします。体重や除脂肪量が減少していれば、エネルギー消費量よりエネルギー摂取量が少ないということです。実際にトレーニング量が多くなる時期や合宿時は体重が減少しやすいため、欠食せずきちんと食事をとるように心がけ、補食もとるとよいでしょう。この時期に、体重や身体組成のデータを活用し、食事量を自己管理できる能力を養っていきましょう。

また、エネルギー消費量が増えれば、ビタミンやミネラルの必要量も高まります。例えば、彩りのよい野菜を使って料理（副菜）を自分でも作れるようになることも自己管理への一歩となります。１３２ページなどを参考に調理してみましょう。特に活用してほしい緑黄色野菜は67ページにあります。

高校生の食事ポイント2 サプリメントに頼らない

サプリメントといってもさまざまな種類があります。パフォーマンスを向上させる目的のサプリメントは特定の成分だけがとれるもので、大人の選手を対象にした有効性についてエビデンスが示されている場合もありますが、ジュニア選手に対しては検討されていないものがほとんどです。また、表示の原材料名だけを見ても、アスリートにとって禁止されている薬物が入っているかの判断はできず、安全性が担保できないものも存在しています。

このようなことから、ジュニア選手のサプリメント摂取は基本的にお勧めできません。高校生はまだ成長過程にあり、多様な食品を取り入れた食事により必要なエネルギーと栄養素を十分に摂取することが可能であるからです。からだづくりの基本は食事であることを忘れないでください。

ただし、合宿や試合遠征など自分で食事がコントロールできない時、家庭の状況等で食事をととのえることが難しい時、体調不良の時など、問題点が明確で栄養素を一時的に補助的に使う必要のある場合には、食品に近い形態のスポーツフーズと呼ばれるゼリーやバー、ドリンクなどを必要に応じて摂取することを検討してもよいでしょう。なお、日本陸連ではサプリメントを摂取するための考え方を示しています。こちらも参考にしてください。

高校生の食事ポイント3 トレーニング前後の補食を上手に活用する

トレーニングが本格的になるため、３食の食事プラス補食で食事を考えます。特に朝練習がある時や帰宅に時間がかかる選手は、糖質が補給できる「おにぎり」を用意するとよいでしょう。定番のサケおにぎりや、１４２ページのようなおにぎりも糖質とたんぱく質を同時に補給できるので活用してください。また、高校生の昼食はお弁当が多く、牛乳や乳製品の摂取が少なくなります。牛乳や乳製品を１日３回とるように意識しましょう。

TIPS

日本陸上競技連盟 サプリメント摂取の基本８ヶ条
～摂る時は、必要な分だけ上手に安全に～

詳細は日本陸上
競技連盟 HP へ

01 サプリを摂る前に
まずは“食事の改善”を

02 確かめよう！サプリを摂る
“目的と使い方”

03 サプリの摂りすぎは
むしろ“健康へのリスク”あり

04 「これ効くよ」と言われた
サプリに要注意

05 “絶対に安全”
そんなサプリはありません

06 気をつけよう！
“海外サプリ”の安易な使用

07 サプリによるドーピングは
“自己責任”

08 サプリを摂る前に
医師・栄養士・薬剤師へ“相談”を

年代別
04

大学生・社会人

エネルギー必要量を確保できるように自ら考えて食事をとる

POINT

1 生活環境に合わせて柔軟に対応するスキルをつける

2 目的に合わせた食の自己管理を

3 自分に合った食生活の充実と定着をはかる

大学生・社会人の身体的特徴

18歳以上になると成長段階を終える時期となります。しかし、骨が最大骨量を獲得するのは20歳を過ぎたあたりとされること（41ページの図2-2参照）、また大学生や社会人でも長距離選手を中心に疲労骨折が男女ともに多いことから、骨の材料となるたんぱく質やカルシウム、ビタミンDなどが不足しやすいように注意することが必要です。また、第1章の自分の種目別の栄養補給法の特徴を理解し、自分に合う形の食事のとり方を見つけましょう。女子選手ではトレーニング量が増加し、知らないうちにエネルギー摂取が不足してしまい、無月経となることもあります。日々の食事をおろそかにせず、自分に必要なエネルギー必要量と栄養素を確保す

ために食事内容をととのえましょう。

大学生・社会人の食事ポイント1
生活環境に合わせて食事の栄養バランスをととのえる術をつける

大学生は寮生活や一人暮らしをする選手が多くなります。また、大学生や社会人は生活環境が変わるため自炊や外食が多くなりがちですが、どんな場合でも82〜83ページにあるアスリートの食事の基本形に近づけることを忘れないようにしましょう。ただし、すべてを完璧に自分で作ってととのえることは大変です。それぞれの場面でのとり方の「工夫」を知り、実践してみましょう。

●コンビニやスーパーで弁当購入の場合

野菜の量が少なくなるため、ブロッコリーやほうれんそう、アスパラを購入しておき、レンジで温めて温野菜にしましょう。冷凍野菜を使えばさらに簡単です（118ページ）。また汁物の作り置きや乾物で簡単みそ汁を調理してもよいでしょう（135ページ）。疲れて調理ができない日には野菜の惣菜など活用します。野菜ジュースは野菜を食べないよりはよいですが、頼りすぎないようにしましょう。

TIPS

外食で単品メニューを選ぶときのポイント

具だくさんメニューを選ぶ　　帰宅後にたんぱく質をとる

●外食でパスタ、うどん、ラーメンなどの場合

外食で麺類などの単品メニューでは、たんぱく質源や野菜が不足するので、できるだけ具だくさんのメニューを選択します。家に戻ったらヨーグルトや牛乳、豆乳などでたんぱく質を補います。そして、次の食事では定食タイプの主菜や副菜のある食事をとりましょう。

●寮食の場合

ほとんどの寮食献立は食べる人たちの平均的な体格や運動量に合わせて提供されています。決められた献立内容の場合には、各自のトレーニング量や体格に応じて、納豆や卵、サケフレーク、ヨーグルトやチーズ、バナナやみかんなどすぐに追加できるものを用意しておくとよいでしょう。

●自炊の場合

自炊の場合は短時間で調理ができるような組み合わせのパターンを持つとよいでしょう。電子レンジで調理、鍋やフライパン1つでできる料理など121～125ページを参考にレパートリーを広げましょう。また、簡単にできる選手向けの朝食用のレシピも活用してください（117～120ページ）。

TIPS

寮や一人暮らしで各自が用意しておきたい食材例

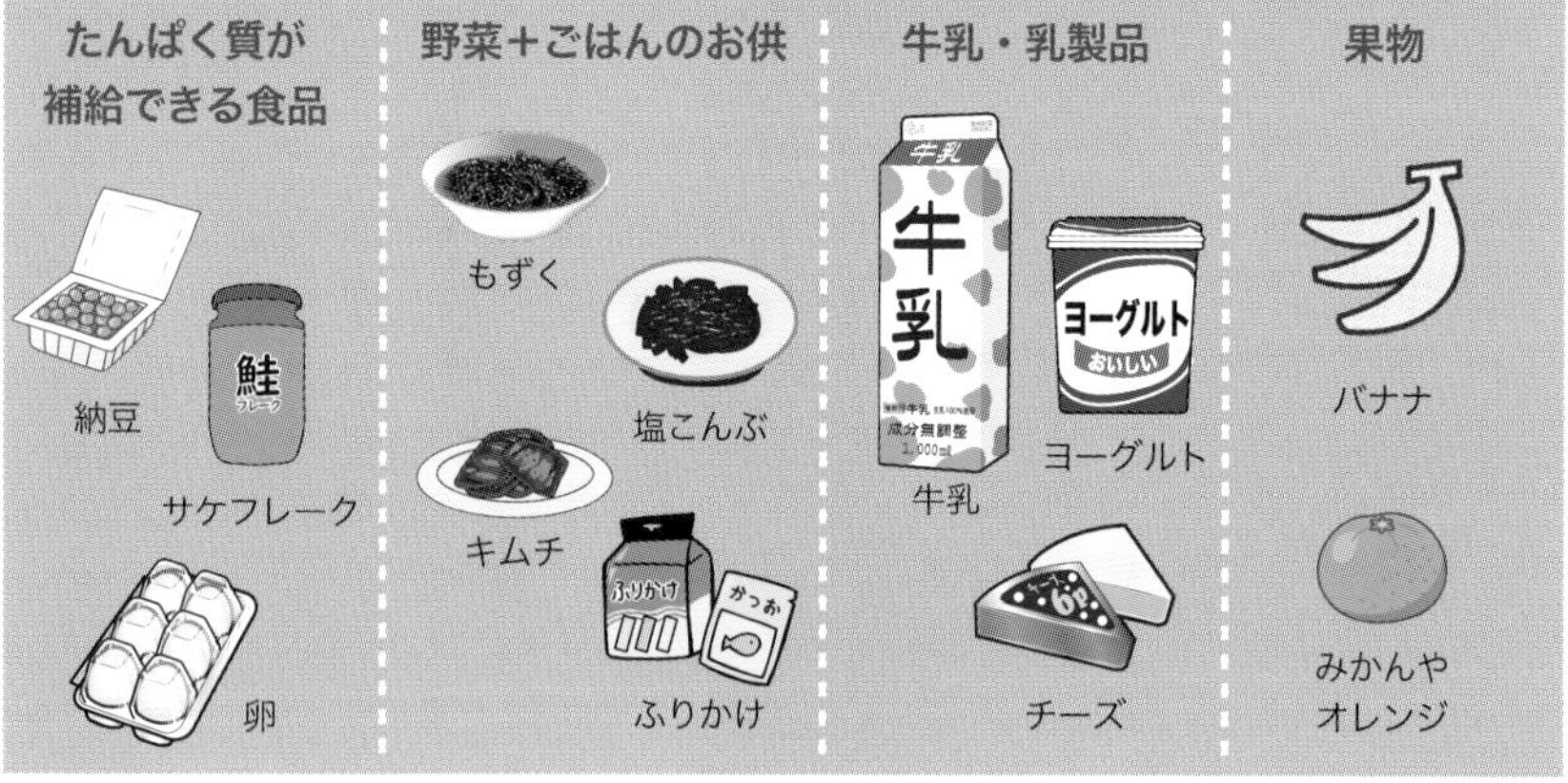

大学生・社会人の食事ポイント2
目的を持って食事を自己管理する能力を身につける

大学生や社会人になり、今まで以上に競技力を向上させるためには、自分の目的や状況に合わせてどんな場合でも適正に食事をコントロールする能力を身につけておくことが重要です。増量したい場合には「いつまでに除脂肪量で〇kg増やす」といった具体的な目標を立て、72〜75ページを参考に理論的に食事計画を練ります。増量といってもやみくもにプロテインを飲めばよいということではないのです。

また減量の際も、食事を極端に減らす方法は一時的に体重が減りますが筋量も減らしてしまうため、けがや貧血につながります。そのため3食の食事を基本ベースとして、自分の主食（ごはん）や主菜（肉や魚）の必要量はどれくらいか、どのように食べるとよいのかを考えて食事を調整しましょう。また、公認スポーツ栄養士や管理栄養士に相談し、自分にとって必要なからだづくりをするための栄養補給のスキルを高めましょう。

大学生・社会人の食事ポイント3
食生活を豊かに、サプリメントの活用は慎重に

大学生や社会人になり、食事のコントロールが難しい場合やよいパフォーマンス発揮を期待してサプリメントの使用を検討することもあるでしょう。陸上競技選手のための栄養に関する合意文（2019）ではサプリメントを使用するにあたっての意思決定を行うための実践的なアプローチがフローチャートで示されています（50ページ）（文献15）。自分の目的が明確で使用を考える場合には、アンチドーピング認証マークがある商品を選択し、スポーツドクターやスポーツファーマティストに相談してください。

TIPS

パフォーマンス向上のためのサプリメントの使用について

（解説）パフォーマンス向上のためのサプリメントの使用は、下記のフローチャートの流れに沿って、現状、目的や安全性を確認してから使用するようにしましょう。

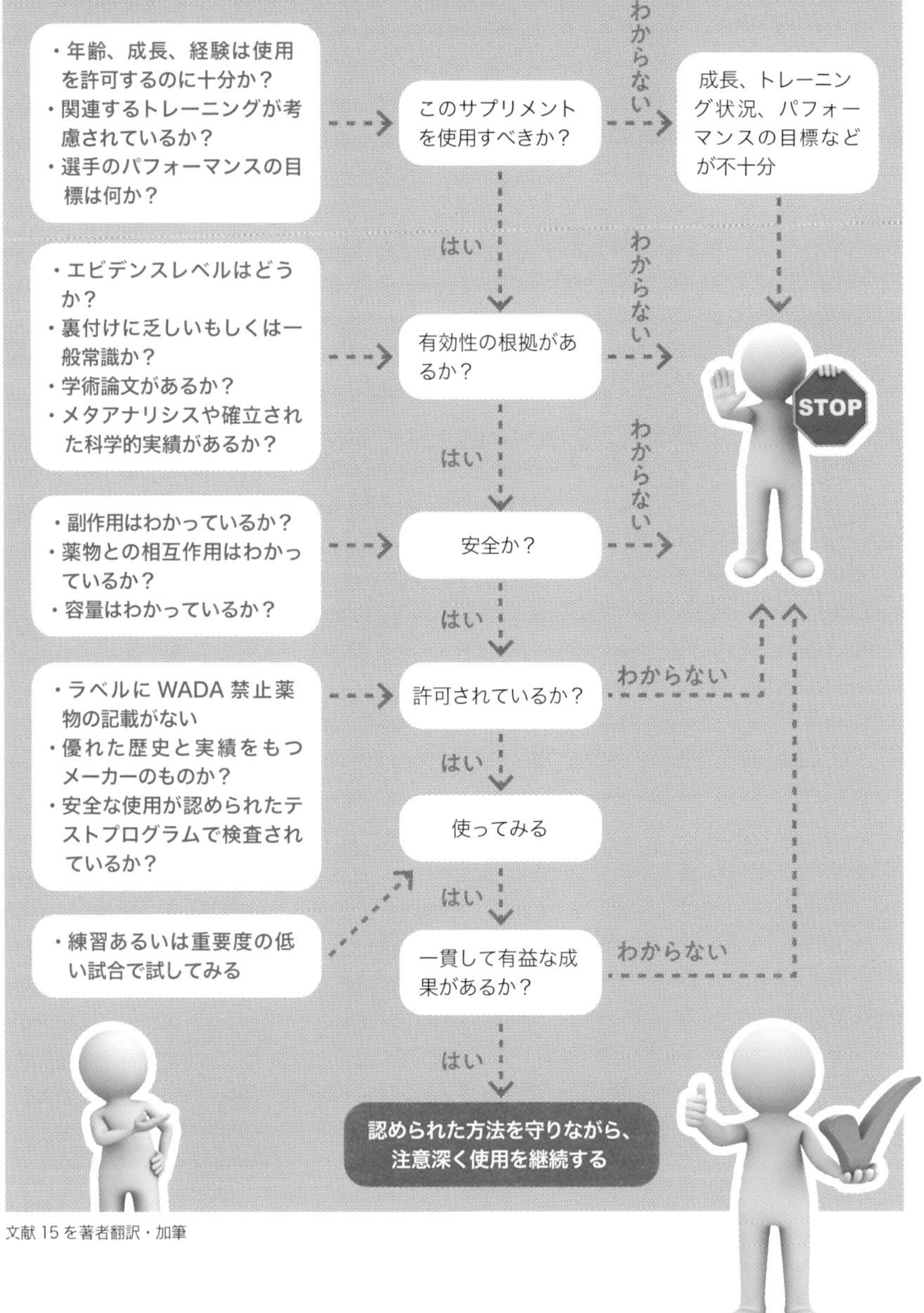

・年齢、成長、経験は使用を許可するのに十分か？
・関連するトレーニングが考慮されているか？
・選手のパフォーマンスの目標は何か？
このサプリメントを使用すべきか？
わからない
成長、トレーニング状況、パフォーマンスの目標などが不十分
はい
・エビデンスレベルはどうか？
・裏付けに乏しいもしくは一般常識か？
・学術論文があるか？
・メタアナリシスや確立された科学的実績があるか？
有効性の根拠があるか？
わからない
はい
・副作用はわかっているか？
・薬物との相互作用はわかっているか？
・容量はわかっているか？
安全か？
わからない
STOP
はい
・ラベルにWADA禁止薬物の記載がない
・優れた歴史と実績をもつメーカーのものか？
・安全な使用が認められたテストプログラムで検査されているか？
許可されているか？
わからない
はい
使ってみる
・練習あるいは重要度の低い試合で試してみる
はい
一貫して有益な成果があるか？
わからない
はい
認められた方法を守りながら、注意深く使用を継続する

文献15を著者翻訳・加筆

第3章

目的別編

エネルギー不足、貧血、疲労骨折など、
陸上選手に起こりやすいさまざまな問題があります。
減量や増量、夏場の水分補給も含め、
目的別の食事について紹介します。

エネルギー不足を回避する

毎食しっかり食べることが唯一の予防法になる

POINT

1 エネルギー不足は心身の体調不良の引き金になる

2 早期発見のために専門家に早めに相談しよう

3 選手はしっかり食べる、指導者と保護者はしっかり食べさせる努力を

アスリートのエネルギー不足（REDs）とは

スポーツにおけるエネルギー不足について最近目にする機会が増えており、日本陸連でも選手がエネルギー不足にならないように警鐘を鳴らしています（QRコード参照）。スポーツ選手は競技種目、競技レベル、性別などとは関係なく、トレーニングにより消費するエネルギー量が多くなるという特徴があります。食事から摂取するエネルギーからトレーニングで使われるエネルギー量を差し引くと生理機能の維持に使いうるエネルギー量が残りますが、これが不足した状態が続くと、内分泌、エネルギー代謝、骨代謝などさまざまな生理機能が阻害され、パフォーマンスの低下につながることが明らかになっています。IOCではこれを、

スポーツにおけるエネルギー不足（Relative Energy Deficiency in Sport：REDs）と名付けています（文献16）。

REDsに陥ると、無月経や疲労骨折を繰り返し起こしてトレーニングができない期間があるといった状態になります。これらはいきなり起こるのではなく少しずつ進行していきますが、進行度合いは個人差が大きいことがわかっています。また、さまざまな心身の体調不良がどこに現れるかにも個人差があります。

REDsを予防するためには、必要なエネルギー量を毎日の食事からきちんと補う必要があります。ただし、減量をする場合などには一時的にエネルギー摂取量を制限しなくてはならないこともあるでしょう。一時的なら心身の問題には発展しませんが、痩せた状態をキープするために食べない、食べさせないということが続くと問題となります。選手本人だけでなく、指導者や保護者など選手の近くにいる大人も選手がエネルギー不足に陥っていないか、体調面で問題がないかなどについて、日常的に意識しておく必要があります。

表 3-1 IOC による REDs のリスク指標

重大な主要指標	女性：15 歳までに初経発来しない
	男性：遊離または総テストステロンが基準範囲よりも低値
主要指標	視床下部性無月経（3 ～ 11 回の月経周期欠損）
	遊離または総テストステロンが低い（基準値範囲の 25%（四分位）以下）
	遊離または総 T_3 が基準範囲以下または基準範囲の 25%（四分位）以下
	過去 2 年以内に大腿骨頚部、仙骨、骨盤の骨損傷を 1 回以上、またはそれ以外の部位で 2 回以上の骨損傷の病歴、または過去 2 年間に 骨損傷 によりトレーニングを 6 か月以上休んだ
	腰椎、股関節全体、または大腿骨頚部の骨密度の Z スコアが -1 未満、または以前の検査時よりも Z スコアが低下している
	ジュニア選手で身長や体重が成長曲線から下方へ逸脱したことがある
	摂食障害の質問紙（EDE-Q）でグローバルスコアが高い 、または DSM-5-TR による摂食障害の診断
二次指標	視床下部性の稀発月経（最大年に 8 回、月経間隔が 35 日を超える）
	過去 2 年間に大腿骨頚部、仙骨、骨盤以外の部位で 1 回の骨損傷またはそれによるトレーニングの休止が 6 か月以下
	総コレステロールまたは LDL コレステロールの基準範囲を超える上昇
	臨床的に診断されたうつ病または不安症（二次性のものをいずれか 1 つだけまたは両方）

文献 16 を著者翻訳

エネルギー不足を見つける方法

ＲＥＤｓ（２０２３）では、表３‐１にまとめたような心身の状態がある場合にリスクがあると示しています。通常第二次性徴が起こる15歳までに月経がきていない女子選手はその後のからだへのリスクが大きくなるので、婦人科を受診することをお勧めします。男子選手の場合は性欲の低下などが指標となります。気になる場合は内科または泌尿器科で男性ホルモン（テストステロン）を検査してもらいましょう。

骨密度については普段なかなか測定する機会がないと思いますが、からだに痛みを感じる時には整形外科を受診し、全身用骨密度測定装置（ＤＸＡ）で骨密度測定をしてもらうと確認できます。

また、普段の練習でなかなか疲れが抜けない、息切れや動悸が気になる、練習についていくのがつらくなったなどの症状を感じたら、貧血が疑われるので内科を受診してください。貧血検査のために採血をしますが、その際には甲状腺ホルモン（T_3）とインスリン様成長因子１（ＩＧＦ‐１）を合わせて検査してもらい、これらが低下していないかを確認するとよいでしょう。T_3はエネルギー不足により比較的早期に低下してくると考えられるホルモンで、基準範囲以下または下限に近い値の場合には、エネルギー不足が疑われます。

このように、なんらかの体調不良を感じる場合には、早めに各科のスポーツドクターを受診することをお勧めします。表に示した以外でも、ＢＭＩが低い、貧血が治りにくい、低血糖、徐脈、低血圧、睡眠障害などがあれば要注意です。特に指導者の皆さんは、ジュニア選手に激しい減量をさせたり、食事制限をさせたりすることがないようにしましょう。食事の改善方法は、お近くの公認スポーツ栄養士に相談してください。

低エネルギーによる障害（ＲＥＤｓ）を予防するために各自でできる工夫

エネルギー不足を避けるために、次の点に注意して食事改善に取り組むとよいでしょう。

①欠食をせずごはんをしっかり食べよう

まずは欠食をせず、3食きちんと食べるように心がけてください。エネルギー不足の選手は主食量が不足しています。各自に必要なごはんの量を知ることにより、エネルギーを補給しやすくなります（24ページの手順参照）。各自に必要なごはんの量を計算したら、一度各自がいつも使っている茶碗に盛り付けて分量を確認してみてください。ふりかけ、フレーク、漬物、好みの調味料などのごはんのお供も用意しておきましょう。炊き込みごはん（123ページ参照）やカレーなど、ごはんに味をつけると食べやすくなります。

②牛乳・乳製品を毎日とろう

牛乳・乳製品は骨や歯を丈夫にするカルシウムの供給源となるだけでなく、たんぱく質やビタミンB_2などの栄養素も含んでおり、全体の栄養バランスを良くするために役立ちます。1日に男性はコップ3杯、女性はコップ2杯程度の牛乳をとるよう心がけましょう。同量のヨーグルトでも構いません。日本人では牛乳を飲むと下痢やおなかがゴロゴロするなどの不快感を覚える人がいます。これは乳糖不耐症といって、牛乳に含まれている乳糖を分解する酵素が少ない人に起こります。そのような人は、毎日飲む習慣をつける、数回に分けて飲む、温めて飲むなどのほか、料理に牛乳をプラスする、ヨーグルトやチーズ（乳糖が分解されて少なくなっている）を食べるなどがお勧めです。これらは、試合前などの緊張している時にも応用可能です。

③補食を活用しよう

糖質を含む食品や乳製品など、補食で適宜エネルギーを補給するようにしましょう。59ページに持ち運びやすい補食をまとめました。補食をとるタイミングは、各自のトレーニングや授業などのスケジュールと合わせてあらかじめ考えておき、家から準備していくなどの工夫をしてください。

目的別
02

貧血の予防と改善

パフォーマンス低下の原因となる貧血を食事で予防・改善する

POINT

1 早期発見と早期の食事改善で進行を食い止める

2 鉄だけ多量に摂取しても貧血は改善しない

3 たんぱく質やビタミンＣを含むバランスの良い食事摂取は鉄の吸収をアップさせる

アスリートの貧血と症状、診断

貧血は陸上選手の誰にでも起こりうる障害ですが、特に中・長距離選手に多く発生します。貧血とは、血液中で酸素を運ぶヘモグロビンの濃度が低い状態を言い、貧血になると競技パフォーマンスは低下します。ほとんどが鉄欠乏性貧血といって、食事から摂取する鉄が必要な量よりも少ないことが主な原因で起こります。トレーニングによって体内の鉄の消耗スピードは一般人よりも早くなりますが、鉄は栄養素の中でもとりにくく腸管での吸収率も低いので、しばしば不足が起こります。

貧血になると、立ちくらみや息切れ、めまい、ふらつき、頭痛、胸の痛みなどの症状が起こることがありま

すが、その前になんとなくだるい、疲れが抜けないなどの症状を感じ、練習についていくのがつらく感じられることがあると思います。そのような体調の微妙な変化を見逃さないようにし、気になることがある時には内科を受診して血液検査をしてもらいましょう。

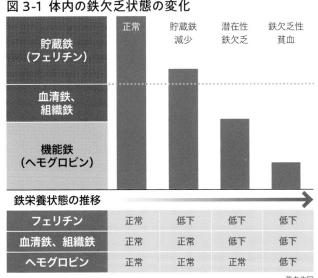

体内にある鉄が減るには段階があります。図3-1に示したように、はじめは貯蔵鉄であるフェリチンが減り、次いで血清鉄が減少します。しかし、この段階ではヘモグロビンは減っていないため、通常の血液検査では貧血を早期に発見することはできません。そこで、貧血の早期発見のために、最初に減少し始めるフェリチンを検査してください。日本陸連医事委員会によるヘモグロビンの正常下限値は男性14g／dℓ、女性12g／dℓであり、フェリチン値が12ng／mℓ未満は組織の貯蔵鉄が枯渇した鉄欠乏状態を示しています。

図 3-1 体内の鉄欠乏状態の変化

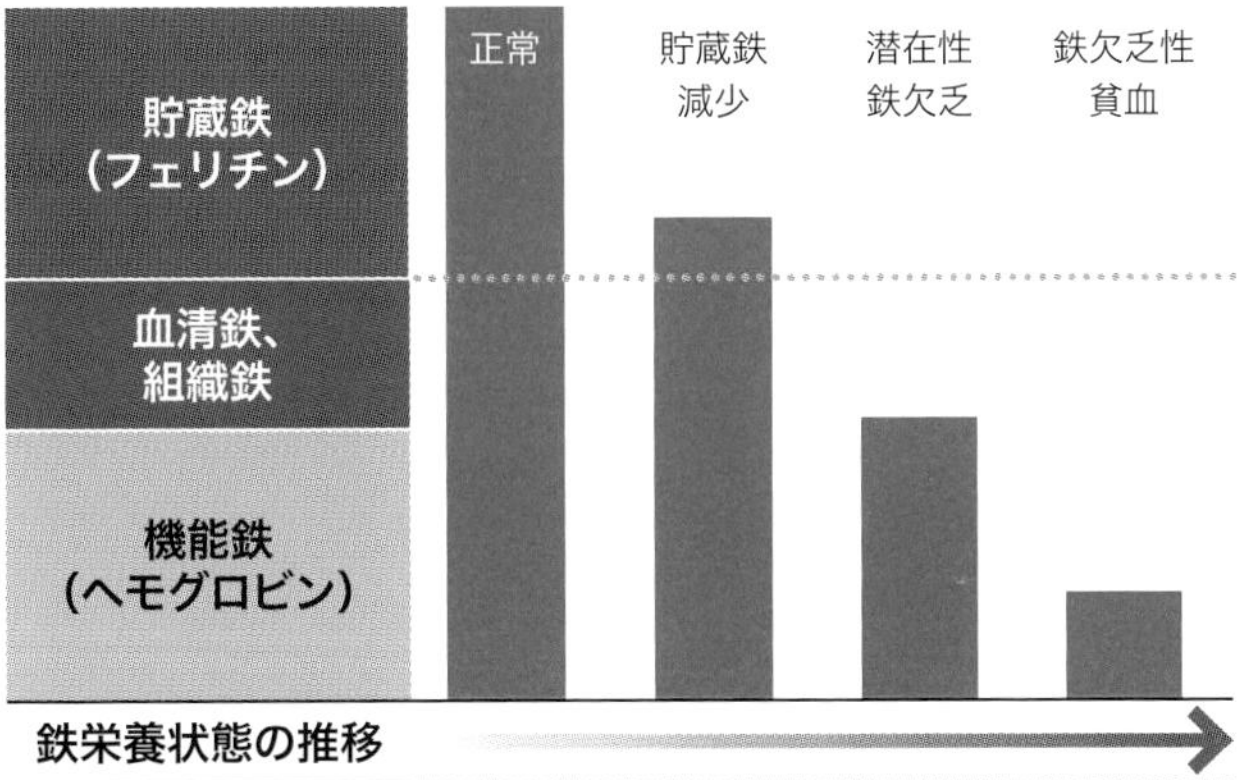

フェリチン	正常	低下	低下	低下
血清鉄、組織鉄	正常	正常	低下	低下
ヘモグロビン	正常	正常	正常	低下

著者作図

貧血は鉄をとるだけでは治らない

貧血を気にする中・長距離選手では、鉄サプリメントなどの過量使用や鉄剤の静脈内注射が行われているという事実があります。鉄を体内に多く入れすぎると、肝臓、心臓などの重要な臓器に蓄積し、からだに悪影響をもたらします。日本陸連では選手が安易に鉄剤注射をしないように警鐘を鳴らしています（QRコード参照）。すべての陸上選手は、サプリメントや鉄剤に頼る前にまずは食事内容やとり方を見直してください。

　鉄が多く含まれる食品例を表3-2にまとめました。鉄には吸収されやすいヘム鉄と、吸収されにくい非ヘム鉄という2種類があり、ヘム鉄は動物性食品にのみ含まれており、そのままの形で細胞内に取り込まれます。レバーはダントツで鉄を多く含んでいますので、時々食事に取り入れる工夫をするとよいですね。

　レバニラ炒めは鉄とビタミンC、たんぱく質が同時にとれ鉄吸収にも優れているため、貧血予防・改善にはもってこいの一品と言えます。しかし、レバー嫌いな選手はたくさんいますので、レバー料理の中でも食べやすいから揚げを紹介しました（100ページ）。味を濃いめにつけるとより食べやすくなります。赤血球の産生にはビタミンB_{12}や葉酸などのビタミンが不可欠ですが、レバーを食べればこれらも同時に摂取することができます。レバーが食べられない場合には、牛肉赤身やカツオなど鉄を多く含む他の食品を積極的に食事に取り入れましょう。納豆・豆腐・高野豆腐などの大豆製品、小松菜やほうれんそうなどの葉野菜などには非ヘム鉄が豊富です。日本人の通常の食事では非ヘム鉄の割合がとても多いのですが、非ヘム鉄はビタミンCと一緒に摂取すれば吸収率を高めることができます。

表 3-2　鉄の多い食品例

目安	食品名	概量	鉄（mg）
2mg 程度	鶏レバー	焼き鳥 1 串	2.7
	牛モモ肉	1 人前（100g）	2.7
	牛ヒレ肉	1 人前（100g）	2.4
	豆腐	1/2 丁	2.2
	厚揚げ	1/2 枚	2.2
	小松菜	2 株	2.2
	卵	2.5 個	2.0
	カツオ	1 人前（100g）	1.9
10mg 程度	豚レバー	レバニラ 1 人前（80g）	10.4

低エネルギー状態では貧血が治りにくい

エネルギーが足りない食生活を送っている選手が貧血になると、鉄剤を摂取しても貧血が治りにくいことがあります。運動するとＩＬ‐６などの炎症性サイトカインというたんぱく質が分泌されます。このＩＬ‐６は肝臓に働き、ヘプシジンというたんぱく質の産生を増加させ、腸管からの鉄の吸収を抑えるように働きます。低エネルギーの状態（低ＥＡ）で運動するとヘプシジンの分泌が増加し、鉄欠乏のリスクを高めることがわかっています（文献17）。そのため、鉄やビタミンＣの摂取にも注意しながら、エネルギーも適切にとることが貧血の予防・改善のためには実はとても大切なことなのです。そこでエネルギーがとれる補食を適宜活用することをお勧めします。

極度な食事制限やトレーニングのやりすぎでも鉄欠乏性貧血を招きます。指導者はアスリートの状態を把握し、日頃よりきちんと食事をととのえ、休養もとることや、トレーニング強度・量にも気を配ることにより貧血を未然に防ぐことが大切です。体調面で気になることがある場合には、スポーツドクターや公認スポーツ栄養士に早めに相談するとよいでしょう。

TIPS

補食でエネルギー補給！

おにぎり、いなりずし、ロールパン、サンドイッチ、バナナ、果汁100％ジュース、ヨーグルト、チーズ など

疲労骨折の予防

食事とからだづくりの積み重ねが疲労骨折を防ぐ

POINT

1 必要なエネルギーと栄養素摂取により疲労骨折を起こさせない
2 成長期に減量をしすぎない・させないことが大切
3 ミネラルやビタミンを含むいろいろな食品摂取が骨を丈夫にする

陸上選手に多い疲労骨折とは

丈夫な骨をつくるために適切な運動が欠かせないことは周知のことですが、日本人選手は強度が高く長時間のトレーニングを繰り返し行っているため、骨への障害を起こしやすくなります。骨ストレス傷害（BSI：Bone Stress Injury）とは、繰り返しの衝撃負荷によって引き起こされる骨組織と周囲の膜組織に起こる症状や兆候全般をさし、中でも疲労骨折は最も深刻です。トレーニングは競技特有の動作を繰り返し行うため、同じ部位に同じような負荷がかかることが続くと亀裂が入り、それが疲労骨折となります。

900名以上の男子長距離選手を対象に調査を実施した著者の研究（文献18）では、全対象者のうち36.9%

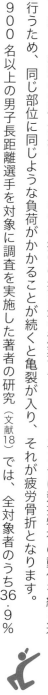

が疲労骨折の既往があると回答しています。図3-2示したように高校生年代に最も多く発生しており、これは女子選手でも同様の傾向となっています。ランナーを対象とした研究により、週間の走距離が増加すると疲労骨折の発生率が高くなることが報告されています（文献19）。長距離や競歩選手で起こしやすい障害ですが、他の種目でももちろん起こります。

疲労骨折を起こすと、疼痛などのために長期間トレーニングが中断され、競技力が低下することが危惧されます。また、複数回起こすことにより選手としての活動を断念せざるを得ないこともあるため、起こさないように食事やトレーニング面で気を配る必要があります。日本陸連では疲労骨折を予防するためのポイントをまとめています（QRコード参照）。

成長期にはトレーニングと食事に気をつけ貯骨をしよう

一般人では1年間に20～30％の骨が新しい骨に入れ替わっており、5年経つと全身の骨が生まれ変わります。アスリートは日々のトレーニングにより骨の形成も吸収（壊れること）も高まるため、骨づくりの材料となる栄養素を日頃の食事からしっかりと摂取する必要があります。特に成長期は、一生の骨量を決める重要な時期となります。成長期には骨量の増加が盛んとなり、最大骨量（ピークボーンマス）を獲得する時期があります。

図 3-2 疲労骨折の年齢別発生数（文献 18 より）

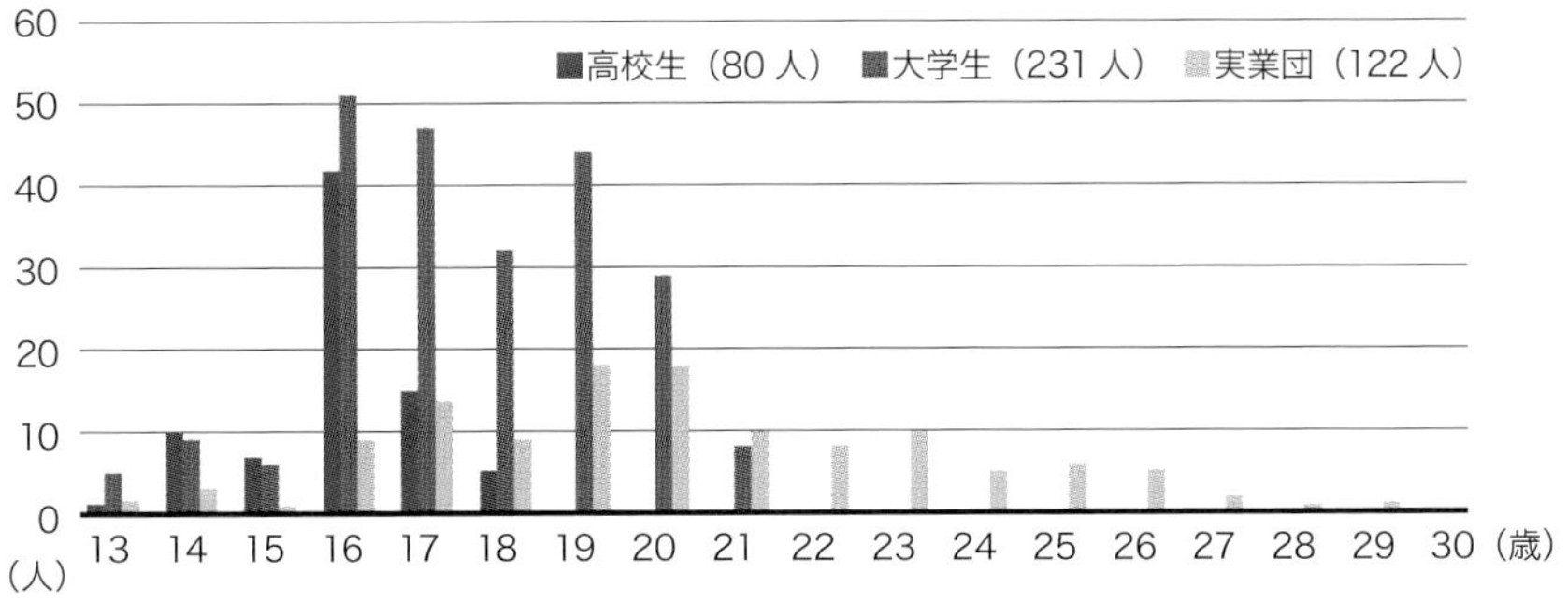

トレーニング量の増加が疲労骨折の大きな要因であることから、骨量を獲得する高校生の時期に疲労骨折を発症させないような適切なトレーニングを行う必要があることが明らかとなっています。

また、骨を増やせる時期に骨が増えやすい食生活をすることも重要です。日本人女子選手を対象とした著者の研究で（文献20）、疲労骨折のリスクファクターとしてＢＭＩが低いことと、エネルギー摂取量が低いことが影響していることがわかりました。初経発来が遅いことや月経状況の乱れも関連しています。成長期に日常的なウエイトコントロールのために食事量を減らすことが高校生ランナーで散見されますが、その後の競技生活と人生のために、避けなくてはならないことなのです。しっかり食べても太らない食事や食生活を獲得するために知識をつけていってくれることを願っています。

いろいろな食品を組み合わせた食事は骨づくりに最適

骨の材料としてはカルシウム摂取が重要であることは周知の事実ですので、下記のチェック表でカルシウムがとれているか確認しましょう。

カルシウム以外に、カルシウムの腸管からの吸収を良くするビタミンＤや、カルシウムを骨に沈着させて骨を強くするビタミンＫの適切な摂取をする必要があります。これらを多く含む食品例を並べてみました。そうすると、牛乳・乳製品、魚・小魚、大豆製品（豆腐や納豆）、緑黄色野菜などの食品が共通していることに気がつくことでしょう。いろいろな食品を取り入れた献立にする

表 3-3 カルシウムがとれているかチェックしてみよう

牛乳を毎日飲む（男子コップ３杯、女子コップ２杯）	
ヨーグルトをよく食べる	
チーズをよく食べる	
豆腐や納豆などの大豆製品を毎日食べる	
小松菜、ほうれんそう、チンゲン菜などの青菜を毎日食べる	
しらすやじゃこなどを毎日食べる	

※全部に〇印が付けば OK だよ！

ことによって、1つだけではなく複数の栄養素を摂取することにつながることから、82〜83ページに示したような「アスリートの食事の基本形」に近い形で献立を組み立てるのが得策ということがわかります。

カルシウムの宝庫である小魚を骨ごと食べられるようにした小イワシの南蛮漬け（102ページ）は、酢の働きでカルシウムの吸収にも優れた一品で作り置きもできます。ビタミンDの多いサケ、ビタミンKの多いほうれんそうをカルシウム源の牛乳で煮込んだサケとほうれんそうのクリーム煮（101ページ）のように、ちょっとした組み合わせの工夫でお勧めの献立になります。クラムチャウダー（136ページ）も作り置きしておけば、時間のない朝にも食べやすくなります。

TIPS

骨づくりと関連する栄養素と多く含む食品例

骨を構成する成分
カルシウムの多い食品

牛乳、ヨーグルト、チーズ、イワシ、じゃこ、わかめ、小松菜、大根菜

カルシウムの吸収を促進する成分
ビタミンDの多い食品

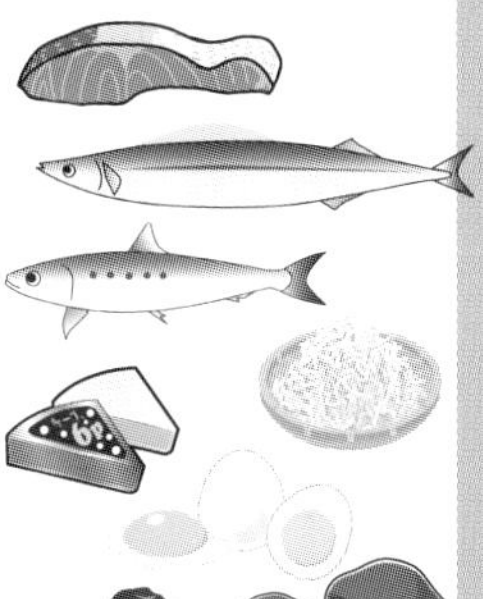

サケ、サンマ、イワシ、じゃこ、乳製品、卵、レバー、しいたけ

骨の強化に役立つ成分
ビタミンKの多い食品

納豆、小松菜、ブロッコリー、ほうれんそう、キャベツ、わかめ

いろいろな食品を取り入れた食事をするように心がけることが大切

目的別
04

疲労回復・体調管理

食事の力で代謝を促進し、免疫機能を高めよう

POINT

1 野菜・きのこ・海藻類を積極的にとる

2 緑黄色野菜は体調管理の強い味方

3 良い腸内環境は免疫力アップに役立つ

体調をととのえるビタミンと食物繊維を意識してとる

ビタミンとは、体内の代謝反応（エネルギー産生）や生理機能（生殖機能や免疫機能など）を維持したり正常に進行させるために必須な微量栄養素のことで、体内では合成できないか合成できても少量なので食べ物から摂取する必要があるものです。不足すると欠乏症を引き起こし、過剰に摂取すると過剰症を引き起こすことがあります。

ビタミンB群は糖質や脂質がエネルギーとして使われる際の反応に必要不可欠であり、特に糖質をエネルギー源としてたくさん摂取する選手はビタミンB_1を十分に摂取しておく必要があります。ビタミンB_2は脂質

の代謝に必要です。ビタミンＢ群が不足すると、エネルギー代謝過程の一部の進行が妨げられ、その結果疲労感を覚えやすくなります。

ビタミンB_1とCの多い食品を表３－４、表３－５にまとめました。豚肉と豚肉製品（ハム、ウインナー、焼豚など）にはビタミンB_1、サバ、牛乳・乳製品などにはビタミンB_2が多く含まれています。ビタミンＢ群は不足しやすい栄養素の１つなので、これらの食品を使った料理を１日１回取り入れることをお勧めします。豚肉のしょうが焼きとサバのみそ煮はアスリートのおかずの定番です（１０４～１０５ページ）。

食物繊維とは、ヒトの消化酵素で消化・吸収されずに大腸まで達する食品成分です。便秘予防などの整腸効果だけでなく、血糖値上昇の抑制や血中コレステロール濃度の低下など、多くの生理機能が明らかになっています。食物繊維は現在のほとんどの日本人に不足している食品成分ですので、積極的に摂取するよう心がけましょう。からだのサインから見た食物繊維のチェックは、１日に１回規則的に排便があることがひとつの目安です。食物

表 3-4 ビタミンB_1の多い食品例

目安	食品名	概量	ビタミンB_1 (mg)
0.15mg程度	ウインナー	3本	0.16
	木綿豆腐	1/2丁	0.15
0.3mg程度	焼豚	3枚	0.30
	ロースハム	4枚	0.28
0.6mg程度	豚モモ肉	1人前（100g）	0.75
1.2mg程度	豚ヒレ肉	1人前（100g）	1.32

表 3-5 ビタミンCの多い食品例

目安	食品名	概量	ビタミンC (mg)
20mg程度	キャベツ	2枚	32
	さつまいも	1/2本	30
	ほうれんそう	1人前（80g）	28
	じゃがいも	1個	28
	イチゴ	3個	28
60mg程度	ブロッコリー	サラダ1人前(50g)	70
	オレンジ	1個	60
	キウイフルーツ	1個	57
80mg程度	パプリカ	1/3個	85
	果汁100%オレンジジュース	200cc	84

繊維は野菜やいも類、きのこ類や海藻類に多く含まれていますので、便秘気味の選手は特に、これらをたっぷり使ったおかずや汁物を取り入れるようにしてください。

野菜・きのこ類・海藻類を増やす工夫

野菜・きのこ・海藻などの食品をそれぞれとるのはなかなか大変です。そこでお勧めしたいのがみそ汁やスープなどの汁物です。著者の研究で、具だくさんみそ汁を毎日摂取するように心がけただけで栄養バランスが改善され、体調が良くなったことがわかっています（文献21）。

そこで、本書では具だくさんのみそ汁（135ページ）やスープを紹介しています。具材の量の目安として、70g以上を1回に入れましょう。毎回作るのが面倒な場合には、作り置きしておくこともできます。また、お浸しや温野菜サラダは電子レンジ用の容器を使えば簡単にできます。1人暮らしの場合には、冷凍の野菜や袋入りのミックス野菜なども活用できます。

腸の状態を良くして免疫力を高める

免疫とは、からだに侵入したウイルスや細菌などの異物から身を守る巧妙な防御システムのことをさします。インフルエンザのウイルスや病原菌などの異物が体内に侵入すると免疫システムが働き、異物からからだを守ってくれます。選手は寮・合宿所で集団生活をすることが多く、遠征などで海外に行く機会もあるため、免疫力が低くなるとさまざまな病気にかかりやすくなり、トレーニングを休むことになってしまいます。

免疫力を高めるためには、肉、豆腐、乳類などから良質たんぱく質をとります。各種ビタミンやミネラル類も免疫細胞の強化には必須です。つまり、日頃から栄養バランスの良い食事をすることが大切です。

さらに、腸の状態を良くすることが重要なポイントとなります。ビフィズス菌などの善玉菌を摂取するプロバイオティクス、腸内細菌のエサになる食物繊維やオリゴ糖などを摂取するプレバイオティクスが注目されています。善玉菌を含むヨーグルト、チーズ、納豆、キムチなどの発酵食品や、腸内細菌のエサになる食物繊維を多く含むきのこ類、海藻類、野菜類を積極的に料理に使ってください。納豆、オクラ、山いもなどのねばねばの組み合わせも腸に良いことがわかっており、たんぱく質や鉄が豊富なマグロ赤身と組み合わせれば免疫力アップに役立ちます（109ページのねばねば鉄火丼）。ビタミンA、ビタミンC、ビタミンEは抗酸化作用のあるビタミンとして知られており、活性酸素の働きを抑えて免疫機能の低下を防ぐ働きもあります。緑黄色野菜や果物も毎日必ず食べるようにしましょう。

TIPS

腸の状態を良くする食品

プロバイオティクス

（ビフィズス菌や乳酸菌を届ける）

ヨーグルト、チーズ、キムチ、ぬか漬け、納豆など

プレバイオティクス（善玉菌を増やす）

たまねぎ、キャベツ、海藻類、きのこ類、いも類、バナナなど

TIPS

アスリートの味方、緑レンジャー

アスリートの健康を守る緑黄色戦隊緑レンジャー「小松菜・ほうれんそう・チンゲン菜・ブロッコリー」は、どれもビタミンCが豊富です。小松菜とチンゲン菜にはカルシウムと鉄、ほうれんそうには鉄が多く、ミネラルも豊富なので、選手は体調維持やけが予防のために、これらの野菜を日々の食事に取り入れましょう。

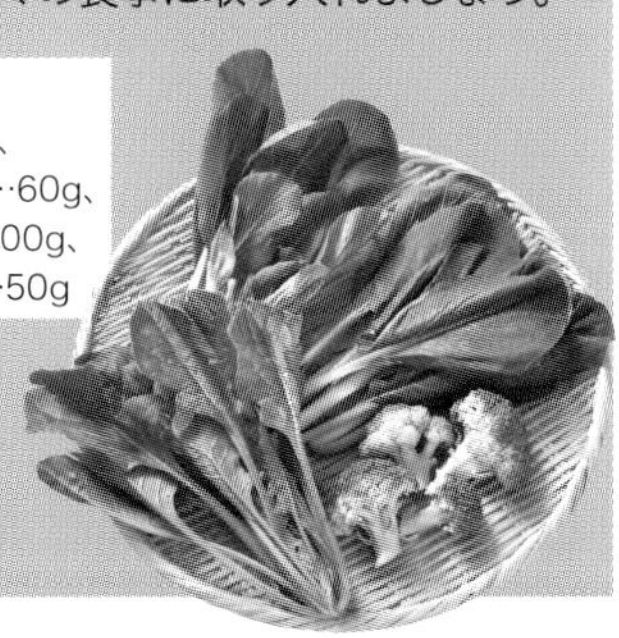

1食分の目安
小松菜…80g、
ほうれんそう…60g、
チンゲン菜…100g、
ブロッコリー…50g

目的別
05

減量

目標を決めて無理なく計画的に減量を進めていこう

POINT

1 身体組成を組み込んだ論理的な目標設定をしよう

2 自分の体重変動パターンを見える化する

3 低エネルギーで高たんぱくなおかずをとり、ごはんも減らしすぎない

達成可能な目標をしっかり立てる

陸上選手が目指す減量とは種目に関係なく、単に体重を減らすということではありません。適切な身体組成を持つ適切な体重になるように調整することを意味しており、それにはある程度の時間を要します。そのため、階級制競技の試合前などに見られるような急速減量を行ってはいけません。まずは身体組成の測定を行い、現状の把握をします。次に、いつまでにどのくらい減らすべきなのかを考えます。そして、食事や運動の何をどのように調整するかの具体的な方法について考えて計画します。

表3-6に示した手順にしたがって計画を立てていってください。まずは、目標とする体脂肪率を決定しま

す。たくさん減量が必要な場合にはいっきに進めずに、段階的に目標を設定していきます。適切な体脂肪率は性別や年齢層、競技レベル、そして個人によってもまちまちです。強豪校の値や考え方が正しいとも限りませんので、身近なトレーナーや公認スポーツ栄養士に相談しながら進めるようにしましょう。

減らすべき体重は、除脂肪量をキープできる体重を計算で出します。以前自分がベスト記録を出した時の体重を「ベスト体重」と考えがちですが、そうではありません。身体的状況は日々のトレーニングにより変化しているからです。したがって、計画自体がそもそも実現は難しいのでは？と感じられるような目標設定は避ける必要があります。最後に、減量ペースを決め、食事計画を立ててください。

短期間で減量を行うと、体脂肪は減少しますが除脂肪量も減ってしまうことがわかっています。適切な減量ペースは、1日250～500kcalのエネルギー制限で3～6週間かけて行い、月2～3kg程度が良いと考えられています。

表 3-6 減量時の目標設定の手順

①現在の身体組成を把握する
例：体重 55kg、体脂肪率 22% の場合 体脂肪量 = 体重 55kg × 体脂肪率 0.22 = 12.1kg 除脂肪量 = 体重 55kg － 体脂肪量 12.1kg = 42.9kg
②目標とする身体組成（体脂肪率）を設定し、目標体重を算出する
例：目標体脂肪率 18% の場合 目標体重 = 除脂肪量 42.9kg ÷（1 －目標体脂肪率 0.18）＝ 52.3kg
③減らす体重を算出し、減量ペース設定をする
減らす体重＝体重 55kg －目標体重 52.3kg ＝ 2.7kg 体脂肪 1kg ≒ 7200kcal なので、減らすエネルギー ＝減らす体重 2.7kg × 7200kcal ＝ 19,440kcal 1 か月半（45 日）間で減量する場合、 1 日に減らすエネルギー ＝ 減らすエネルギー 19,440kcal ÷ 40 日 ＝ 432kcal
④具体的食事計画を立てる
1 食に減らすエネルギー ＝ 432kcal ÷ 3 ＝ 144kcal <減らし方の例> ・朝食のデニッシュペストリーを食パン（ジャムつき）に替える…… － 150kcal ・炭酸飲料 500mlをお茶または水に替える…… － 255kcal ・間食のチョコレート（1/2 枚）を控える…… － 140kcal ・夕食のから揚げを蒸し鶏にする（部位と調理法の変更）…… － 300kcal

減り方には個人差がある。体重をモニタリングしよう

エネルギー量を同じだけ制限したとしても、体重や体脂肪の減り方には個人差があります。したがって、自分のパターンを知るために毎朝起きてすぐのタイミングで何も飲食しない状態の排尿後に体重（早朝空腹時体重）を測定し、記録してください。これは食事や運動の影響を最も受けない体重であり、目標とする体重になり安定したら減量成功と判断します。練習後などに測定した体重は参考程度として考えてください。

減量を開始して1〜2週間の体重減少は、食事制限のために体水分と筋グリコーゲンが減少するためであり、体脂肪が減少するのはその先になります。また、減食の継続により代謝適応が起こるため、体重減少が停滞する期間がいずれ訪れますが、減量食を継続してください。

減り方に個人差があるのは、元々の身体組成、エネルギー代謝とホルモン状況、遺伝などによるものです。誰でも継続すれば、いつかは必ず結果が出るものですが、停滞したままなどの場合には、エネルギーの減らし方や食事内容を見直し、減量計画を再設定する必要がある場合もあります。なお、体脂肪測定は月に1〜2回で構いません。同じ測定機器を用いて変化を確認しましょう。

図 3-3 減量時にコントロールしたい 3 つの「あ」

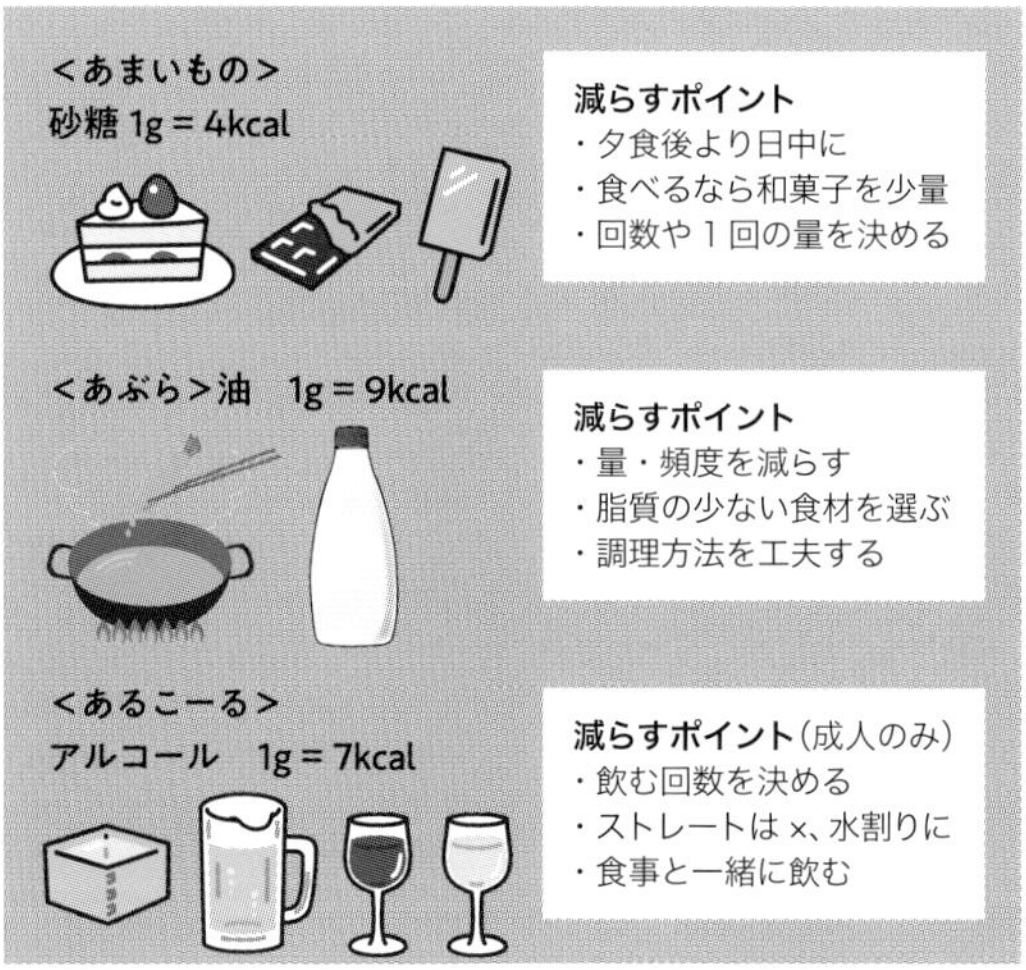
<あまいもの>
砂糖 1g = 4kcal
減らすポイント
・夕食後より日中に
・食べるなら和菓子を少量
・回数や 1 回の量を決める
<あぶら>油　1g = 9kcal
減らすポイント
・量・頻度を減らす
・脂質の少ない食材を選ぶ
・調理方法を工夫する
<あるこーる>
アルコール　1g = 7kcal
減らすポイント（成人のみ）
・飲む回数を決める
・ストレートは×、水割りに
・食事と一緒に飲む

低エネルギーでも高たんぱく・高栄養の食事にする工夫

29ページの図１‐１で、食材・調理法・調味料の組み合わせによりエネルギーが変わることを説明しました。減量しようとすると、食事を抜く（欠食）、ごはん（米）を食べない、牛乳を飲まない、などの極端な方法で実施する選手をよく見かけます。図３‐３に示したような3つの「あ」のうちの菓子類やジュース類など余分なものは我慢する必要がありますが、ごはんや牛乳などの毎食とるべき食品を避けるのは得策ではありません。無理な制限をするとエネルギー不足に陥り、貧血や疲労骨折を招くことになりますので、気をつけましょう。

もう1つの「あ」である脂質を最も効率よくカットできる方法は、主菜に着目することです。例えば、同じ１００ｇの鶏肉でも、鶏モモ肉のから揚げは４００ｋｃａｌ以上ありますが、鶏ムネ肉皮なしを蒸すかゆでるかすればこの一品だけで３００ｋｃａｌもエネルギーをカットすることができるのです。肉や魚は赤身を選んだり、豆腐を活用してもよいですね。同じハンバーグでも１１０ページの豆腐ハンバーグは１００ｋｃａｌ程度がカットできるという具合に、主菜で大きく減らせば副菜や牛乳などを減らさなくてもよいのです。

そして、減量中は体たんぱく質が分解されやすくなるため、たんぱく質は普段よりも少し多めに摂取することもポイントです。1日に体重1kgあたり2.0～2.2gが目安です。低脂肪のおかずであればたんぱく質をしっかりとることができます。

減量食にすると脂質が少なくなるためおなかがすきやすくなります。そこで、食物繊維の多い野菜、きのこ、海藻類をふんだんに取り入れてください。これらは低エネルギーで腹持ちを良くしてくれるため、空腹感を軽減でき、余分な間食をとらずに済みます。

目的別
06

増量

筋量アップを目指して増量食と筋トレで体重を増やそう

POINT

1 体重ではなく筋量が増えているかを確認しながら進めよう

2 エネルギーバランスをプラスにすることが最大のポイント

3 筋量増加に適した食べ方をしよう

体重と身体組成をチェックしながら進める

陸上選手が目指す増量とは種目に関係なく、単に体重を増やすということではありません。適切な身体組成を持つ適切な体重になるように調整することを意味しています。そのため、体脂肪量の増加は抑えつつ除脂肪量の増加を目指します。

まずは身体組成の測定を行い、現状の把握をします。次に、いつまでにどのくらい体重を増やしたいのかを考え、食事の計画を練ります。しかし、減量と違って増量が難しいのは、どのくらいエネルギーを増やせばどのくらい増量できるか計算ができないことです。体脂肪1kgを減らすには、7200kcal程度のエネル

ギー消費をすればよいことがわかっています。増量の場合にはどの組織が増加するかにより必要なエネルギー量も変わります。また、食事量を増やせば食事誘発性熱産生という食事摂取に伴う余分なエネルギー消費も増えることになります。体重増加はこれらを総合した結果としての身体の変化であり、身体組成の変化が必ずしも望ましく起こったかは測定しないとわかりません。特に投てきの選手は体重だけでなく骨格筋量を増加させることがパフォーマンス向上には大切であるため、身体組成を定期的に確認してください。

エネルギーは増やすがたんぱく質や脂肪量は増やしすぎない食事を

体重が少なすぎる選手（特に女子）では月経異常や疲労骨折などさまざまな問題が指摘され、注意喚起がなされてきました。しかし、大型の選手（例えば投てきの選手）に対して、食事への注意喚起はなかなかされてきませんでした。競技は異なりますが、大きな体格を得るために食べすぎた結果、脂質異常症や糖尿病予備軍となってしまった選手の事例があります。

そこで著者は、日本人アスリートを対象に安全な増量方法についての研究を行ってきました。この研究では、エネルギー消費量よりも１０００ｋｃａｌ増やした食事を3か月間食べてもらいながら通常のトレーニングを実施してもらいました。体脂肪増加に配慮して脂質からのエネルギーを控えめな食事にした結果、脂質異常症などは見られず、体脂肪増加を抑えて除脂肪量を増やすことができました。この時の1日のエネルギー摂取量は、エネルギー消費量のレベルに体重1kgあたり16～18ｋｃａｌを追加した値でした。次に、このエネルギー量を用いて食事回数についても検討し、同じエネルギーであれば1日に3食か6食かに分けた時の身体組成の変化に差はないことも明らかにしました（文献22・23）。したがって、3食の食事で増やすか、補食を活用するかは選手のやりやすい方法で決めればよいということになります。

今よりも1000kcal増やすということは口でいうほど簡単ではありませんので、計画と目標を持って実施する必要があります。体脂肪増加の個人差も考慮すると、研究結果から考えられる適切な増量ペースは、月に2～3％の体重増加が上限と考えられます。適切なレジスタンストレーニングをしなければ食事量を増やすだけでは効果がありませんので、トレーニング内容も合わせて考えてください。なお、増量食開始後1か月くらいから筋量増加が盛んになります。男子は1日あたり500kcal、女子は300kcal程度をエネルギー消費量に追加した食事をとりながら、体重と身体組成の様子を見ながら進めるのがよいでしょう。

たんぱく質摂取過多の落とし穴

増量しようとする時、筋肉の主な材料はたんぱく質だからたんぱく質をたくさんとればよい、と考えてしまいがちです。そのため、プロテインパウダーなどをたくさん摂取しているケースも見られます。たんぱく質をたくさんとればとるほど体たんぱく合成を高められるわけではありません。1食で40gとるよりも、20gに分けて数回とるほうが筋たんぱく合成には効果的であることが明らかになっています。

一度にたくさん摂取すると、余分なたんぱく質は体脂肪に変換されて蓄積されてしまいます。多量のプロテインパウダーを摂取した選手が体重増加後に身体組成を測定したところ、増えた体重のほとんどが体脂肪であったという例もあります。たんぱく質量を増やしても総エネルギー摂取量が不足すれば増量効果は得られません。食事から必要なたんぱく質はとりやすいので、プロテインやたんぱく質を含む食品ばかりに食事内容をシフトさせる必要はありません。

ロイシンというアミノ酸が筋たんぱく合成のスイッチを入れる役割を果たします。牛、豚、鶏肉ともに脂肪の少ない部位に多く含まれ、サケやイワシなどの魚介類や大豆製品、チーズなどからも摂取できます。これらの良質たんぱく質源のおかずを準備し、糖質源の食品（ごはんなど）からエネルギーを増やしたり、適度に揚げ物なども取り入れたりするようにしてエネルギーを確保します。

　脂質を多少増やしても、全体のエネルギー産生栄養素のバランスが適正であれば問題はありません。本書では、一口カツを113ページに掲載していますが、これはヒレ肉を使っています。ヒレ肉にはほとんど脂肪が含まれていないので、揚げても脂質が過剰の一品にはなりません。チキンのタルタルソース（114ページ）はたっぷりかけてもソースのメインは卵なので、さほどマヨネーズが多いわけではありません。脂肪分が気になる選手はマヨネーズの半分をヨーグルト（無脂肪タイプがベター）に置き換えると脂肪がカットできます。牛肉ソテー（115ページ）には赤身肉を使用し、たっぷりの野菜と炒めています。このように、増量時には食材は低脂肪のものを使えば、調理法や調味料は高脂肪のものを使っても構いません（29ページの表参照）。

練習後なるべく早く栄養補給を

　トレーニング後には30分以内に食事または補食をとることにより、糖質がインスリン分泌を促し、食事に含まれる良質たんぱく質が体たんぱく合成の材料となります。トレーニング後に体重1kgあたり0.3gのたんぱく質を摂取すると筋たんぱく合成が効率よく行われることも明らかにされています。これだけではなく、その後の食事からエネルギーとたんぱく質をしっかり摂取することももちろん大切です。

　85kgの投てき選手の場合、たんぱく質が25g、糖質が85g程度含まれる補食の摂取がお勧めです。卵焼きや肉などの入った太巻き寿司（141ページ）、納豆卵かけごはん、ハムチーズやサラダチキンのサンドイッチなどに牛乳、ヨーグルトドリンクなどを組み合わせるというイメージです。これらを準備していくか、帰宅してすぐに補給するとよいでしょう。

目的別
07

夏場の食事と水分補給

蒸し暑い夏を元気に乗りきるストラテジーを身につける

POINT

1 食欲がなくても食べる努力をすることが夏バテ予防につながる

2 脱水状態を練習前後の体重減少や尿の色でチェックする

3 電解質や糖質を適度に含むドリンクをしっかり飲む

夏バテ対処には日頃の体調チェックを

気象庁のデータによると、日本の夏季（6～8月）の平均気温は1991年からずっと上昇しており、特に都心部ではヒートアイランドの影響等により上昇度が大きくなっています。蒸し暑いと食欲が減退しがちになりますが、このような環境であってもトレーニングを休むことはないので、エネルギー消費量に見合うエネルギー摂取をし、熱中症を予防するための水分補給やクーリング戦略が必要不可欠になります。

暑熱環境下での運動は体内の深部体温を上昇させますが、気温の上昇がひどかったり、暑熱環境での運動量が多い場合、水分補給をしていたとしても体温調節機能が追い付かず、熱中症を引き起こすことがしばしばあります。日頃の体調チェックを十分にしておく必要があります。日々の高強度長時間の運動により、徐々に食事摂取量は低下していき、気がつかないうちに夏バテが進んでいきます。そうすると、消化器系への血液循環も悪くなり、食欲自体がわかないといった悪循環を引き起こします。夏になってから考えるのではなく、5月下旬から6月にかけて暑くなり出した頃から水分補給と食事摂取を意識しておく必要があります。

食欲を増進させる食材やメニューを選ぶ

食欲は自律神経によって調節されています。運動直後の体温が上昇している時は交感神経が優位な状態であり、消化液の分泌や消化管の運動は抑えられています。そこで、運動後すぐにまずは水分補給をしてください。脱水が続くと消化液の分泌も悪くなります。そして、早めに帰宅して冷ためのシャワーを浴びてさっぱりしましょう。消化を促進する体内環境を作り出し、涼しい部屋で食事をとれるようにすることが大切です。

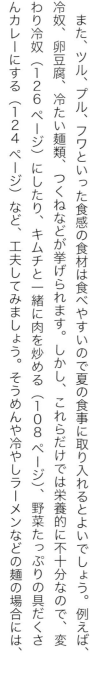

食欲が落ちている時は、あっさりまたはさっぱりとした調理法や味付けが向いています。例えば、同じ肉でも炒めるのではなく、冷しゃぶにしてポン酢などでさっぱりとした味付けにするほうが食べやすくなります。いつもの味付けに少し酢を加えるだけでもさっぱり感が増します。梅干しやレモンなどの酸味でも食べやすくなります。しょうがやにんにく、ねぎ、カレー粉、唐辛子、柚子コショウ、食べるラー油などの香味野菜や香辛料も食欲を増進させてくれます。

また、ツル、プル、フワといった食感の食材は食べやすいので夏の食事に取り入れるとよいでしょう。例えば、冷奴、卵豆腐、冷たい麺類、つくねなどが挙げられます。しかし、これらだけでは栄養的に不十分なので、変わり冷奴（126ページ）にしたり、キムチと一緒に肉を炒める（108ページ）、野菜たっぷりの具だくさんカレーにする（124ページ）など、工夫してみましょう。そうめんや冷やしラーメンなどの麺の場合には、麺をゆでる時に小松菜などの緑黄色野菜を一緒にゆで、卵や焼き豚などのたんぱく系食品も乗せて具だくさんにするよう心がけてください。汗の中にはビタミンやミネラルも含まれているため、このように工夫して補給すると疲労感の軽減につながります。それでも食欲がわかない時もあるかもしれませんが、食べないとかえって悪循環になるため、食べるように頑張るしかありません。煮込んで軟らかくしたり好みの味付けにしたりするなどの工夫をしましょう。

☑体重測定で脱水状態を把握する

陸上選手の脱水のリスクを表3-7に示しました。中・長距離種目の選手はハイリスクのため、水分補給は特に意識して行います。世界陸連（WA）は毎朝の脱水セルフチェックとして体重（W）、尿の色（U）、喉の渇き（T）を挙げています（図3-4）。昨日の体重より下がっていなかったか、尿の色は濃くなかったか、喉が渇いていないか、について毎朝目覚めた時に確認し、2つ以上ある場合にはやや脱水、3つ当てはまる場合は脱水と判断できます。このWUTチェックは高所トレーニングにおいても活用できます。

また、練習時の水分補給が足りているかは練習前後の体重の減り方を比較することで把握ができます（図3-5）。練習後に2％以上体重が減っているようなら水分補給が足りないことを示しています。毎回の練習で体重測定を行うのは大変なので、とても暑い日に確認してみましょう。脱水が体重の2％未満

表 3-7 陸上選手における潜在的な体内水分バランスのリスク

	発汗による損失 a		体水分利用		脱水のリスク		パフォーマンスへの影響	
種目	練習時	試合時	練習時	試合時	練習時	試合時	練習時	試合時
跳躍	中	低	高	高	低	低 b	低	低
投てき	中	低	高	高	低	低	低	低
短距離走 (800m 以下)	中	低	高	高	低	低	低	低
中距離走(800～10km以下)	高	低	中	低	中	低	中	高
長距離走 (10km 以上)	高	高	低	低	高	高	高	高
混成 (十種競技)	高	中	高	高	低	低	低	低

a）発汗率と時間による結果　b）意図的な脱水は考慮しない（文献 24 より）

に抑えられていれば、すべての種目でパフォーマンスを維持することができます（文献24）。

具体的な水分補給のしかた

暑い時期に補給するドリンクは、水ではなくスポーツドリンクが適しています。汗の中にはナトリウムなどが含まれており、発汗によりたくさん失われていくからです。スポーツドリンクには糖質や電解質が含まれており、水よりも水分が保持されやすいことがわかっています。糖質は4～6％のものが推奨されています。運動前2～4時間前に体重1kgあたり5～10㎖の水分（コップ2、3杯）を飲んでおくことも有効です。また、発汗による損失は試合によっても大きな違いがあり、個人差もあります。各自の状況を把握したうえで計画して補給するようにしましょう。多くの水分は食事からも補給できます。運動前の食事で塩分を摂取すると体内の水分貯留を良くすることができます。暑い時期でもみそ汁やスープなどをとることをお勧めします。野菜からカリウムの補給もできます。

図 3-4　WA が提唱する脱水セルフチェック（文献 24）

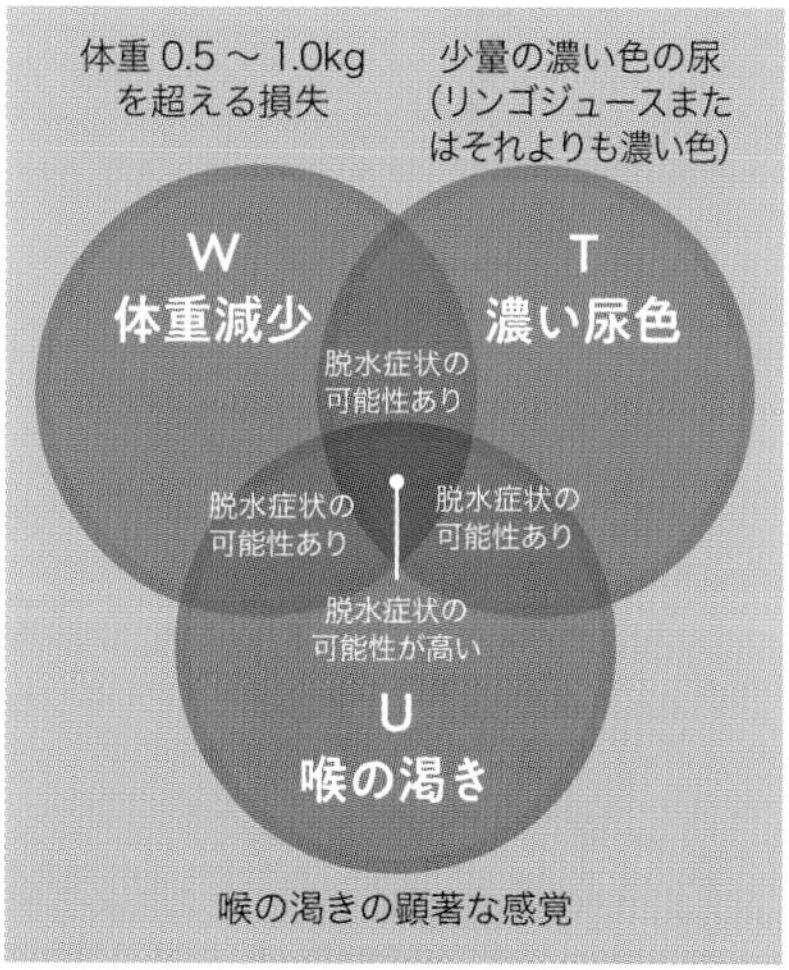

図 3-5　練習時の水分補給を確認する方法

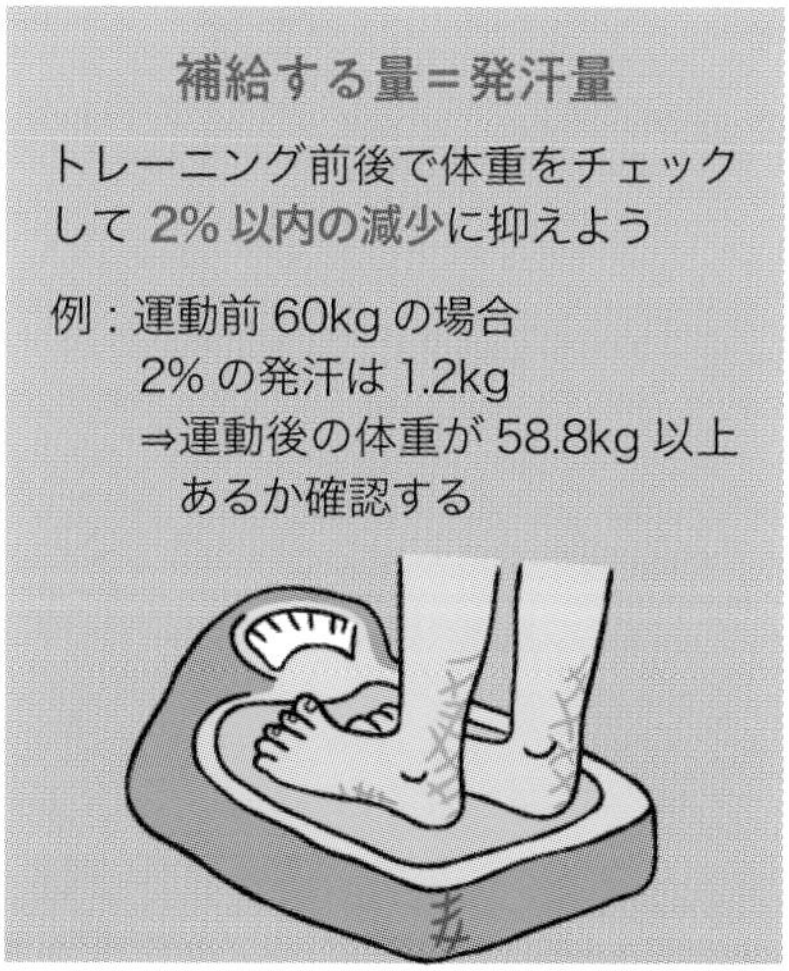

Column 02

海外に行くときに気をつけたいこと

合宿や試合などで海外に行く場合、事前にしっかり調べて、準備をしていくことが大切です。

①現地の食事事情と衛生状態をチェック

どんな料理や食品を食べる国か、衛生状態は良いかについてまず調べてみましょう。そして、持参するものを準備します。アルコールタオルなどの衛生用品の準備も忘れずに。宿泊先のメニューの確認ができそうな場合は、公認スポーツ栄養士に出発前に調整やアドバイスをもらうとよいでしょう。

宿泊先や練習・試合会場の近辺にスーパーや食料品店があるかの情報も大切です。果物やヨーグルト、パンなどの補食が購入できそうかを確認しましょう。

②水事情をチェック

水道水が安全に飲めるかどうかはとても重要です。ミネラルウォーターを購入する場合でも、どれでも良いわけではありません。水に含まれるカルシウムとマグネシウムの総量を計算した値を硬度と言います。日本のミネラルウォーターは硬度の低い軟水ですが、海外で売られているものの中には硬度が高い硬水もたくさんあり、軟水を飲み慣れている日本人は下痢をすることがあります。ミネラルウォーターの銘柄についても事前に調べておきましょう。また、炭酸入りのものも多いため、購入や注文時には気をつけましょう。

③食べ慣れた補食や旅行用の携帯食を準備

万が一のために、パックのごはんやおかゆ、旅行用の水で戻せるアルファー米、しょうゆや梅干し、インスタントのみそ汁やスープ類、缶詰類、粉末のスポーツドリンクやお茶、ゼリー飲料やサプリメントなどを持参しましょう。

第4章

献立編

日々の食事で一番の悩みは
献立を考えることでしょう。
アスリートの食事の基本形から、目的別の献立、
自炊のコツ、試合日の献立まで、
具体的にアドバイスします。

乳・乳製品＋果物を星形に配置

そって5つをととのえましょう

献立 01

基本的な献立の考え方

主食+主菜+副菜+牛

からだづくりに必要な栄養素を自然と確保することができるよう、星形に

食事のととのえ方〜アスリートの食事の基本形〜

真ん中に大きなおかず、すなわち主菜（②）を置き、左下にごはん（①)、右下に副菜の汁物（③)、その上に副菜の小鉢（③)､上には牛乳･乳製品（④）と果物（⑤）を星形にセットしましょう（図 4-1)。

①主食：ごはん、パン、麺類

「糖質」の補給源です。筋グリコーゲンとして蓄えられ、筋肉を動かす際にエネルギー源として使われます。血糖の維持により脳にエネルギーを供給しているため、３食欠かさずとります。

②主菜：肉や魚、卵や大豆製品を中心としたおかず

「たんぱく質」の補給源です。筋たんぱく合成だけでなく、からだのあらゆる細胞で主材料となります。肉や魚、卵や大豆製品は、鉄などのミネラルやビタミンB群が一緒にとれるものが多く、１つで複数の栄養素の補給をカバーできます。

③副菜：汁物と小鉢中心

主に鉄、ビタミン A などの「ミネラルやビタミン」がとれます。コンディションをととのえるうえで役立ちます。

④牛乳・乳製品

牛乳や乳製品に含まれるカルシウムは腸管からの吸収率が高く、たんぱく質も一緒にとることができます。

⑤果物

果物は「ビタミンC」の補給源です。免疫機能にもかかわるため体調管理に役立ちます。

図 4-1 食事のととのえ方

アスリートの食事の基本形にととのえるコツは星形！

立に展開する方法

ことで自分の目的に合う献立を作ることができます

果物：少しでもプラス
補食でとってもよい。
1日2～3回

主菜：肉なら100～150g、魚なら大きめ1切れが目安
肉や魚100gあたりでたんぱく質は約15～20g

副菜：野菜の量は1食約100～150g
緑黄色野菜は2種類以上

陸上選手に必要な献立をととのえるための考え方とは？

①できるだけ星形をイメージする

主菜を中心に置き、主食、副菜×2、牛乳・乳製品、果物を5つの星形に配置します。

②主菜を決めてから副菜を決めるほうが決めやすい

主菜に肉や魚が少ない料理なら、副菜に大豆製品や肉、魚、卵を活用しましょう。

③彩りは栄養面からも大事

赤、黄、緑の信号色があるかを確認しましょう。

④味付けは組み合わせる

しょうゆ味だけにならず、塩味・みそ味などそれぞれ違う味付けにすると食欲をそそる献立に近づきます。また甘味・うま味・酸味・辛味も入れるとなおよいでしょう。

⑤調理法はかぶらないほうがベター

炒める、揚げるだけでなく、蒸す、ゆでる、生食などの料理法も活用すると、脂質のとりすぎを防げます。

例2：1人暮らし／手軽に済ませたい
1皿で主食・主菜・副菜

作り置きが
できる冷凍
ものでもよい

例3：貧血予防 主菜を牛肉料理に

主菜を牛肉
や青魚や
赤身の魚に

献立 02

実践的な献立の考え方

主菜を変えて目的別献

1つの献立から、同じ副菜（野菜料理、汁物）を活用して主菜を変更する

目的別展開の主菜
変更以外の方法

①1人暮らし

副菜を具だくさんの汁物、もしくは主菜に野菜を活用します。

②減量

副菜や汁物から野菜をたっぷりとることで食べすぎを防ぎ、心の満足感にもつながります。主食はどんな時でも抜かないほうが減量しやすくなります。

③増量

主菜の量をやや増やしましょう。また、副菜にたんぱく質源となる食品を増やしても、栄養素が確保しやすくなります。ごまやナッツ、オリーブオイルなど植物性の油を活用することもおすすめです。

④貧血予防

鉄とビタミンＣが同時に含まれる緑レンジャー（67ページ）を活用します。副菜に鉄の多い大豆製品・卵なども活用しましょう。

⑤けが

主菜だけでなく副菜にしらすや大豆製品を使用するとよいでしょう。色の濃い野菜や果物をしっかりとることも大切です。

牛乳・乳製品
補食でとってもよい。
1日2～3回
主食：自分のごはん量は24ページを参考に女子選手200g、男子選手300gが目安

例1：1人暮らし／減量の場合

主菜を蒸し
電子レンジ
調理へ

るタイミングも考える

☑ 高校生・大学生・社会人の場合

高校生以上になると練習量や運動強度が増えてきます。朝練を行ったり、練習が午前と午後の２部練習になったりするので、練習前に補食としておにぎりなどでエネルギー補給をします。練習後に食事がすぐにとれない場合にも補食でエネルギーやたんぱく質を補給しましょう。場合によっては、朝食を分食し、分食や補食の意味や目的、タイミングをしっかり理解したうえで、３食＋補食で食べる内容を選びましょう。

Pattern 3　高校生・大学生・社会人で朝練なしの日

食事の基本形をととのえる。

昼食前におにぎりの補食を入れてもよい。

練習前にバナナやゼリーなどでエネルギー補給をする。

家に帰るまでに時間がかかるならおにぎりを持参する。

増量したい場合には夜食としてヨーグルトや豆乳などたんぱく質の多いものをとる。

Pattern 4　高校生・大学生・社会人で朝練がある日

朝練習の前後で分食にしてもよい。朝練習前の食事は主食だけにせず、主菜と副菜、果物をとる。

サケやそぼろなどたんぱく質を含んだおにぎりやサンドイッチと牛乳・乳製品をとる。

上記と同じ。

上記と同じ。

上記と同じ。

献立
03

1日の流れでの食事のととのえ方

3食の調整や補食をと

時期や練習時間に合わせてひと工夫するとよいでしょう

小学生・中学生の場合

1日の食事のととのえ方は、朝昼夕の3食＋補食で考えます。例えば、休日の午前中に練習がある日、平日の部活がある日など、練習のタイミングは人によって異なるので、下のパターンを参考に自分に合う食事を考えましょう。

Pattern 1　**小学生で休日午前中に練習がある日**

朝食 → 練習 → 昼食 → 補食 → 夕食

練習までに時間が短い場合には、副菜は少なめであとは同じ。

練習後に家に帰ったらすぐに食べよう。

朝食や昼食でとりきれなかったものをとる。100% オレンジジュースやヨーグルトなど。

Pattern 2　**中学生で平日に部活がある日**

朝食 → 昼食 → 練習 → 補食 → 夕食

食事の基本形（星形）をととのえる。パンなど主食だけの食事にはしない。

給食は残さず食べる。練習前に補食がとれないなら、足りない人はおかわりをする。

帰宅後、早めに夕食がとれないなら、先に果物やヨーグルトを食べる。

補食とセットで食事の基本形をととのえる。就寝は早めに。

防の献立作成のコツを知ろう

に注目して食事をととのえましょう

☑ 大学生・1人暮らし：疲労骨折予防の場合

● 朝食

朝食が納豆ごはんの場合には、たんぱく質とカルシウムが多く含まれますが、卵料理や肉類が入ったスープを加えると、朝食で必要なたんぱく質量をとることができます。さらに卵料理にチーズを加え、牛乳も飲むようにすれば、1日必要量の1/3以上のカルシウムが確保できます。牛乳はヨーグルトに変えてもよいです。一度に食べることが難しい場合には、牛乳や乳製品を補食でとるとよいでしょう。

納豆ごはん

＋

オープンオムレツ

＋

コンソメスープ
（ササミ入り）

＋

キウイフルーツ
牛乳1杯

● 夕食

鍋には肉や大豆製品を入れることができます。小松菜や水菜はカルシウムが多い青菜ですので、普段から活用するとよいでしょう。主食はサバ缶で作った炊き込みごはんです。サバ缶のサバは骨まで軟らかく食べられ、カルシウムがとれるだけでなく、骨形成に必要なビタミンDも多く含まれます。魚料理が難しい1人暮らしの場合に活用しましょう。サケはビタミンDを多く含むので白いごはんにサケフレークをかけて食べることもお勧めです。

ごはん（サバ缶の炊き込みごはん）

＋

肉団子入り鍋

＋

100%オレンジジュース
ヨーグルト

献立
04

朝・夕食の献立作成例
貧血傾向と疲労骨折予

貧血傾向では鉄とビタミンC、疲労骨折予防ではカルシウムとビタミンD

高校生：貧血傾向の場合

● 朝食

朝食では卵料理に加えて、鉄の多いアサリを使ったクラムチャウダーを利用するとよいでしょう。ブロッコリーやミニトマト、オレンジやキウイフルーツ、100%オレンジジュースなど、ビタミンCが多い食品を合わせてとると鉄の吸収が高まります。その他、朝食で手軽に活用できる鉄補給として、鉄を強化した牛乳やココアミルクがあります。朝食をしっかり食べることはエネルギー摂取量を確保することにもつながります。

食パン6枚切り＋ココット

＋

クラムチャウダー

＋

100%オレンジジュース
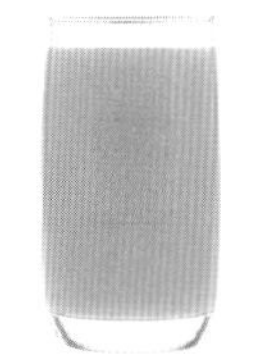

● 夕食

夕食では丼物にすることでごはんもしっかりと食べることができます。赤身の魚（マグロ）や大豆製品はたんぱく質や鉄が豊富ですのでお勧めです。また、主菜だけでなく副菜にもたんぱく質や鉄が含まれる食品を加えるとよいでしょう。下の例では牛肉を使用した五目きんぴらを追加しました。また、ビタミンCや鉄が多く含まれる小松菜やほうれんそうも活用するとよいでしょう。

ねばねば鉄火丼＋みそ汁

＋

五目きんぴら（牛肉入り）

＋

ほうれんそうのごま和え

献立
05

自炊の献立の考え方
栄養価の高い食事に！

コツをつかめば簡単で栄養価の高い食事を作れます

☑ 自炊の利点とは？

１人暮らし初心者では自炊は難しいと感じて、外食ばかりになったり、惣菜に頼ったりしてしまいがちですが、自炊をすると栄養価の高い食生活を送ることができます。

①栄養バランスをととのえやすい

外食では野菜（特に緑黄色野菜）や大豆製品の摂取が少なくなります。また、うどんやパスタはたんぱく質の摂取が少なくなる場合があります。一方、自炊では、「主食、主菜、副菜、牛乳･乳製品、果物」をそろえやすいため、陸上選手に必要なエネルギーと栄養素をバランスよく補給できます。

②脂質をとりすぎない

購入したお弁当や外食の場合は脂質が多く含む料理が多く、脂質をとりすぎてしまいがちです。自炊では調理方法を選択できますし、脂質の少ない肉や調味料を選べるため、自炊をすると脂質の摂取量を調整しやすくなります。

③自分の目的に合わせて食事内容をコントロールできる

増量、貧血予防など、自分の目的に合わせて食材を選べます。また、旬のものや栄養価が高い食材を選択できます。

☑ 自炊のコツは？

自炊の悩みのというと、「献立を考えるのが面倒」「調理や後片づけに時間がかかる」「時間がない」「買い物に行くのが大変」などが挙げられますが、次の３つのコツを押さえると、自炊がラクにできるようになります。

自炊のコツ

①：使いやすい食品を常備…91 ページ
②：朝食をパターン化…92 ページ
③：時短・簡単料理を習得…93 ページ

献立 06

自炊のコツ①
使いやすい食品を常備

賞味期限が長い食材や冷凍可能な食品を常備しましょう！

常備しておきたい食品

冷蔵庫や食品棚に食材・食品を常備しておくと、買い物に行く時間がない時でもスムーズに調理ができます。長期保存ができるもの、いろいろなレシピで使えるもの、栄養バランスをととのえるのに役立つものを中心に、常備しておきたい食材・食品を料理区分別に紹介します。

①主食（1種類 / 食）
時間がなくてごはんが炊けなかった時はパックごはんを利用。食パンは余れば冷凍可能

パックごはん　食パン　パスタ　焼きそば麺　冷凍うどん・そば

②主菜（1～2種類 / 食）

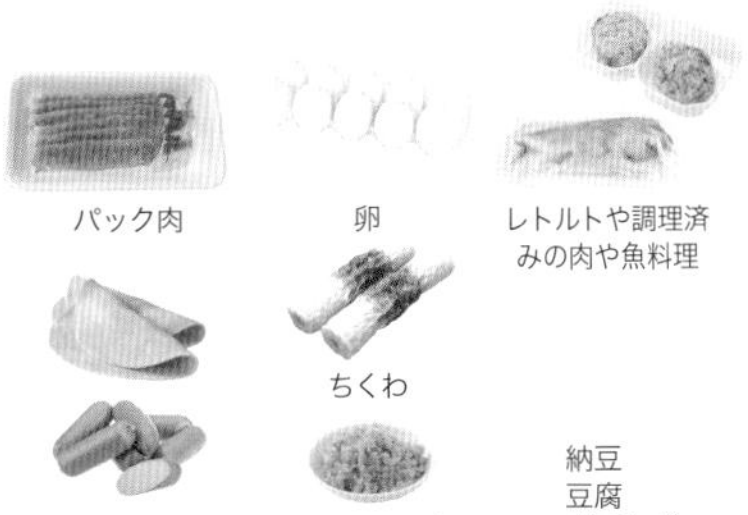

パック肉　卵　レトルトや調理済みの肉や魚料理
ちくわ
ハム・ウインナー　サケフレーク　納豆 豆腐 煮豆など

③副菜（2種類以上 / 食）

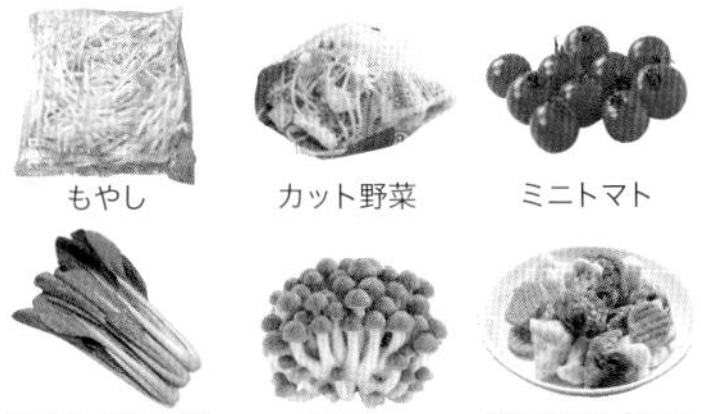

もやし　カット野菜　ミニトマト
青菜（小松菜など）　きのこ　冷凍野菜（ほうれんそう・ブロッコリー・かぼちゃなど）
乾物：わかめ、ふ、のり、すりごまなど
ごはんのお供：キムチ、梅干しなど

④牛乳・乳製品（2～3回 / 日）

牛乳　チーズ　ヨーグルト

⑤果物（2～3回 / 日）

オレンジ　キウイフルーツ　100％果汁ジュース

献立 07

自炊のコツ②

朝食のパターン化

調理が苦手・朝食を欠食しがちという人への改善策！

ごはん＋簡単調理の一品でパターン化

ごはんやパンといった主食だけの食事に、1品、2品を追加するだけで、格段に栄養バランスのととのった食事をとることができます。調理が苦手な場合や朝食があまり食べられないという選手は、電子レンジやオーブントースターを使った簡単調理の料理を追加しましょう。

Pattern 1

これまでパン（主食）だけしか食べていない選手は果物（100％オレンジジュースでもよい）とヨーグルトを追加するとよい（120ページ）。

電子レンジで調理できるササミ入りコンソメスープ（119ページ）、オーブントースターを活用した卵料理（117ページ）など、簡単料理をプラスするとたんぱく質と鉄やビタミンが補給できる。

Pattern 2

卵がけごはん（119ページ）は糖質とたんぱく質が同時にとれる一品。

納豆を加えるとたんぱく質と鉄が補え、冷凍野菜を電子レンジで調理した温野菜（118ページ）を加えるとビタミンCの補給ができる。ヨーグルトと果物を加えるとカルシウムなどがとれるので栄養バランスがさらによくなる。

献立
08

自炊のコツ③

時短・簡単料理を習得

レシピページを参考に料理を作ってみましょう！

時短・簡単料理で自炊を実践！

縦列には４つの「調理法別」で、横列には「料理区分別」で時短・簡単料理を紹介します。料理区分別は「a：主食・主菜・副菜が１皿でとれる料理」「b：主菜（＋副菜）」「c：副菜（＋主菜）」の３通りです。どれも簡単にできますので、レシピページを参考に作ってみましょう。

	a：主食・主菜・副菜	b：主菜（＋副菜）	c：副菜（＋主菜）
加熱いらず	 ねばねば鉄火丼（109 ページ）	 カツオのたたきサラダ（99 ページ）	 じゃこ奴／のり納豆奴（126 ページ）
電子レンジ	 具だくさんカレー（124 ページ）	 よだれ鶏（121 ページ）	 コンソメスープ（119 ページ）
鍋1つ	 煮込みうどん（140 ページ）	 牛しゃぶサラダ（111 ページ）	 鶏肉入りポトフ（118 ページ）
フライパン	 フランパン１つでパスタ（125 ページ）	 豚キムチ（108 ページ）	 無限ピーマン（129 ページ）

トと試合当日の食事・補食例

算して食事や補食の内容を考えましょう

試合当日の食事・補食のとり方例

Pattern A　1日1試合、試合が午後の場合

朝食 → 3〜4時間前 → 2時間前から試合直前 → 試合 → 試合後 → 夕食

- **朝食**：エネルギー補給のために主食や果物を多めにとる。主菜や副菜はいつもより少なめにする。
- **3〜4時間前**：ゆっくり消化吸収されるおにぎりなどで糖質を補給。
- **2時間前から試合直前**：速やかにエネルギー源となるゼリーやバナナを中心に補給。
- **試合後**：試合直後は速やかに糖質補給をする。次の食事まで時間が空くならおにぎりを食べる。たんぱく質の多い乳製品かバーなどを追加してもよい。
- **夕食**：食事の基本形をととのえた食事を早めにとる。疲労により食欲が低下している場合は、主食＋主菜＋副菜が同時にとれる丼物や麺類を選ぶとよい。

> 1〜4時間前には体重1kgあたり1〜4gの糖質摂取が望ましい（文献25）。

Pattern B　1日の試技回数が多い跳躍・投てきの場合（試合午前）

朝食 → 2時間前から試合直前 → 試合 → 昼食 → 夕食

- **朝食**：エネルギー補給のために主食や果物を多めにとる。主菜や副菜はいつもより少なめにする。
- **2時間前から試合直前**：速やかにエネルギー源となるゼリーやバナナを中心にとる。
- **試合**：試技の間はおなかが重く感じないようなゼリー、スポーツドリンクなどをこまめにとってエネルギーを補給する。
- **昼食**：試合後は持参したおにぎり弁当を食べる。またはおにぎりとたんぱく質が多いバーなどを活用してもよい。
- **夕食**：食事の基本形をととのえた食事を早めにとる。疲労回復や免疫力を高めるために副菜や果物の摂取も忘れずに。

献立
09

試合時の献立の考え方

試合前日までのポイン

試合前日までは日常の食事内容をひと工夫し、試合当日は試合時間から逆

試合前日までのポイント

①食べ慣れたものを選ぶ

日常的に食べている通常どおりの食事をすることが重要です。ただし、試合前日から試合当日は、食物繊維が多いごぼうやさつまいも、海藻類などを食べすぎるとおなかが張ってしまう可能性があるので、少量の摂取にしておきましょう。

②揚げ物や生ものは避ける

主要な大会では緊張が高まることで消化吸収能力が低下するおそれがあるため、試合前日からは、とんかつやから揚げなどの揚げ物は避けるようにしましょう。また、刺身やカキなどの生ものの摂取は食中毒のリスクが高まるので控えましょう。

③食事量はやや少なめに調整する

試合前の調整期はトレーニング量が減少するため、体重が増えすぎないように食事量を調整することが必要です。主菜・副菜・主食の各調整方法は次の通りです。

- 主菜：肉の量を８割程度に減らす、もしくは脂身の少ない部位の肉を選びます。調理法もグリルや蒸し料理を中心にします。
- 副菜：試合当日以外ではいつも通りです。試合当日はやや少なめにしましょう。
- 主食：エネルギー源となりますので減らさないようにします。

ハーフマラソン以上の距離のある種目では、筋肉にグリコーゲンを貯めるためにグリコーゲンローディングの手法が使われます。リスクもありますので、適切に行うためには公認スポーツ栄養士に相談してください。

試合当時のポイント

試合当日の朝食は、エネルギー補給のために主食・果物を多めに、主菜・副菜はいつもよりやや少なめにします。朝食後の食事・補食は、試合開始時間（午前か午後か）によってとるタイミングや内容を調整することになります。１日の試技回数が多い跳躍・投てき種目では、試技の合間におなかが重くならないようなゼリーやスポーツドリンクなどでエネルギー補給をするようにします。

右のページに試合当日の食事・補食のとり方を２つのパターンで紹介します。

Column 03

選手は間食をしてはいけないの？

～補食と間食の違いとは？～

「間食」は食事と食事の間に食べることを言い、一般的にはおやつとして自分の嗜好に合わせて食べるものをさします。一方、「補食」は食事だけではエネルギーや栄養素を補うことが難しい場合などに、選手が目的に合わせて３食以外に食べることを示しています。

トップ選手になれば、からだづくりや効果的にトレーニングを行うために補食を考えてとるようになり、実際の補食の内容としておにぎりやサンドイッチ、果物やヨーグルト、携帯に便利なエネルギーゼリーやバーなどが活用されています。

では、間食（おやつ）をとることはよくないことでしょうか？　そうとは限りません。好きなおやつを食べることは癒しになるからです。しかし、例えば毎日スナック菓子１袋や甘い大きな菓子パン１つを間食としてとっていれば、エネルギーと脂質のとりすぎとなり、体脂肪量の増加につながってしまいます。そのため間食はうまく付き合うことが重要となり、そのポイントは「量」と「頻度」と「タイミング」です。

まず「量」は、食事に影響がでない量とし、小袋のタイプのものや小分けしやすいものを選ぶとよいでしょう。「頻度」は、毎日ではなくトレーニングを頑張った日や友達が集まった時に一緒に食べるなど、自分なりのルールを決めましょう。「タイミング」は、大切な試合前の調整期には間食をしないことです。これはトレーニングによるエネルギー消費量が少なくなり、体調をととのえることが大切だからです。そのためこの時期は調整期のスケジュールに合わせて補食のプランを立てるようにしましょう。

間食との付き合い方のポイントを押さえてを自分でコントロールし、罪悪感を持たずに楽しめる心の豊かさも、競技力を高めるうえで必要なことなのかもしれません。

第5章

レシピ編

第1章から第4章にわたって説明してきた
陸上選手向けスポーツ栄養の理論を
日々の食生活で生かせるように、
必要な栄養素を比較的手間が少なく
摂取できるメニューを紹介します。

※マークの栄養価については6ページを参照

主菜・貧血予防

レシピ
01

鉄分補給には牛肉赤身を使った料理を活用しよう

牛肉とブロッコリーのオイスターソース炒め

牛肉の赤身は下味をもみ込むことで軟らかく仕上がります。野菜は小松菜とじゃがいもに変えてもビタミンＣが多く摂取できます。

材料 １人分

牛モモ・スライス…100g、ブロッコリー…40g、パプリカ赤…1/4個、しめじ…30g、にんにく…1/2かけ、しょうが…適宜、サラダ油…小さじ２、[a:牛肉下味]濃口しょうゆ…小さじ1、日本酒…小さじ1、[b：炒め調味料] オイスターソース…小さじ２、濃口しょうゆ…小さじ1、みりん…小さじ1、片栗粉…小さじ1、ごま油…適宜

作り方

1. 牛肉は食べやすい大きさに切り、a で下味をつける。b の調味料は合わせておく。
2. ブロッコリーは小房に分けて下ゆでする。しめじは小房に分け、パプリカは縦長に切り、にんにくとしょうがはみじん切りにする。
3. フライパンにサラダ油をひき、にんにく・しょうがを入れ、香りが立ったら牛肉を加えて火が通ったら、しめじ、パプリカ、ブロッコリーの順に炒める。b を加えて、味をからめる。

栄養価 1人分

エネルギー…293kcal、たんぱく質…20.2g、脂質…14.7g、糖質…18.5g、鉄…3.5mg、ビタミンC…91mg

主菜・貧血予防

レシピ
02

貧血予防や疲労回復に役立つお勧めの魚レシピ

カツオのたたきサラダ

サラダ仕立てにすると野菜も一緒にとれるのでお勧めです。ブロッコリーやミニトマトを加えるとよりビタミンＣが強化できます。

材料 １人分

カツオのたたき…80g、サニーレタス…1枚、たまねぎ…小 1/4 個、スプラウト…1/2 パック、［ドレッシング］ポン酢…大さじ1、ごま油…小さじ 1/2、白すりごま…小さじ 1/2

作り方

1. カツオのたたきは食べやすい大きさ（5㎜幅程度）に切る。ドレッシングの材料は混ぜておく。
2. ちぎったサニーレタスの上にカツオのたたき、スライスしたたまねぎとスプラウトを盛り付ける。
3. 1のドレッシングをかける。

栄養価 1人分

エネルギー…133kcal、たんぱく質…17.6g、脂質…2.8g、糖質…9.2g、鉄…2.0mg、ビタミンＣ…14mg

主菜・貧血予防

レシピ 03

これならいける！　レバー特有の臭みなし！

豚レバーのから揚げ２種

レバーはにんにく、しょうがで下味をつけるか、から揚げ粉を使うと食べやすくなります。レバーはビタミンＡが非常に多いので、とりすぎないように週に１～２回までにしましょう。

材料 １人分

豚レバー・スライス…80g、から揚げ粉…大さじ２、カレー粉…小さじ1/2、揚げ焼き用油…適宜、［a：レバー下味］にんにく・すりおろし…少々、しょうが・すりおろし…少々、濃口しょうゆ…小さじ１、日本酒…小さじ１

作り方

1. 豚レバーはしっかり水洗いしてペーパーでふいて臭みを取り、aで下味をつける。
2. １を２つの袋に分け、１つはから揚げ粉、１つはから揚げ粉とカレー粉を加えてもみ込む。
3. フライパンにサラダ油を多めにひき、２を広げながら入れ、揚げる。

栄養価 １人分

エネルギー…91kcal、たんぱく質…13.8g、脂質…11.6g、糖質…20.2g、鉄…11.0mg、ビタミンB_2…0.27mg

主菜・疲労骨折予防

レシピ 04

骨に必要な栄養素が一度にとれるGoodレシピ

サケとほうれんそうのクリーム煮

ビタミンDが多いサケは、カルシウムが多い牛乳と組み合わせることで丈夫な骨をつくります。サケはフライパンで調理しやすく、照り焼きやムニエルでもおいしくいただけます。

材料 1人分

サケ・切り身…1切れ、ほうれんそう…1/3束、たまねぎ…小1/4個、小麦粉…大さじ1、バター…15g、牛乳…200g、顆粒スープの素…2g、日本酒…小さじ1/2、塩コショウ…少々、オリーブ油…小さじ1

作り方

1. ほうれんそうは下ゆでして食べやすい大きさに切る。サケは4等分に切り、塩コショウをして薄く小麦粉をつけ、オリーブ油をひいたフライパンで焼いて取り出す。
2. フライパンにバターとスライスしたたまねぎを入れて中火で炒める。塩コショウをし、小麦粉を振り入れ、粉っぽさがなくなるまで炒める。
3. 2に牛乳を入れたら混ぜ続け、とろみがついたら弱火にし、顆粒スープの素、日本酒、塩コショウで味をととのえ、1を加えて温める。

栄養価 1人分

エネルギー…380kcal、たんぱく質…23.0g、脂質…24.2g、糖質…16.4g、カルシウム…271mg、ビタミンD…26.3μg

主菜・疲労骨折予防

レシピ 05

頭と骨も丸ごと、さっぱりおいしく食べられる

小イワシの南蛮漬け

小イワシは内臓を取らずに骨まで食べられます。小イワシをワカサギや小アジに変えてもいいでしょう。酢を使用しているので冷蔵庫で３日間ほど保存できます。

材料 １人分

小イワシ・冷凍…60g、塩コショウ…適宜、小麦粉…適宜、たまねぎ…小 1/4 個、にんじん…15g、ピーマン…1/4 個、揚げ焼き油…適宜、[南蛮酢調味料] 濃口しょうゆ…大さじ 1、みりん…大さじ 1、砂糖…大さじ 1、米酢…大さじ 3、水（またはだし）…大さじ 3、唐辛子・乾燥輪切り…適宜

作り方

1. 南蛮酢の材料は一度沸騰させ、スライスしたたまねぎ、千切りにしたにんじんとピーマンを加えて火を止める。
2. 小イワシは塩コショウと口本酒で下味をつけ、片栗粉をまぶして揚げ、1 に入れる。
3. 冷蔵庫で冷やして味をなじませる。

栄養価 1人分

エネルギー…280kcal、たんぱく質…24.9g、脂質…9.1g、糖質…22.6g、カルシウム…360mg、鉄…1.9mg

主菜・疲労骨折予防

レシピ 06

カルシウムと鉄が手軽にとれる豆腐のアレンジ料理

豆腐のグラタン

骨の成長に欠かせないたんぱく質とカルシウムが豊富な豆腐の洋風レシピです。ミートソースと牛乳を使ったホワイトソースに変えると、よりカルシウムを強化することができます。

材料 1人分

木綿豆腐…1/2丁、ミートソース…60g、しめじ…20g、ブロッコリー…40g、とろけるチーズ…30g、パセリ・乾燥…適宜

作り方

1. 豆腐は正方形の1㎝の厚さに切り、軽く水切りする。
2. しめじとブロッコリーは電子レンジに1分程度かける。
3. 1と2とミートソースを入れ、チーズをのせてトースターで5～8分焼く。

栄養価 1人分

エネルギー…318kcal、たんぱく質…24g、脂質…19.6g、糖質…8.6g、カルシウム…404mg、鉄…4.2mg

主菜・疲労回復

レシピ
07

疲労回復とからだづくりの定番! お弁当にも最適

豚肉のしょうが焼き

ビタミンB群が豊富な豚肉を使った主菜です。豚肉に片栗粉を薄くつけて焼くことで、肉が軟らかく仕上がります。ほうれんそうや小松菜などと炒めれば、鉄も一緒にとれます。

材料 1人分

豚肉·しょうが焼き用…120g、片栗粉…適宜、塩コショウ…適宜、サラダ油…小さじ1、[a:合わせ調味料] しょうが・すりおろし…小1かけ、濃口しょうゆ…大さじ1、みりん…大さじ1、砂糖…適宜、[付け合わせ] キャベツ…50g、トマト…1/4個

作り方

1. 豚肉に塩コショウと片栗粉を薄くまぶす。
2. フライパンにサラダ油を入れ1の豚肉を焼く。
3. aの合わせ調味料を回しかけ、味をからめる。

栄養価 1人分

エネルギー…409kcal、たんぱく質…21.4g、脂質…27.2g、糖質…16.2g、ビタミンB_1…0.88mg、ビタミンB_2…0.22mg

主菜・疲労回復

レシピ 08

食べやすくごはんも進む定番の魚レシピで疲労回復

サバのみそ煮

サバのみそ煮は電子レンジでも簡単に調理できます。しょうがと全調味料を耐熱容器に入れて電子レンジに１分かけ、サバを加えて蓋をせず、３～５分程度温めるだけでおいしく作れます。

材料 １人分

サバ…１切れ、しょうが…小１かけ、みそ…大さじ 2、日本酒…大さじ 2、みりん…大さじ 1、砂糖…大さじ 1、水…150cc、白ねぎ…30g

作り方

1. サバはクッキングペーパーで汚れをふき取る。皮目に切り込みを入れる。
2. スライスしたしょうがとみそ以外の調味料、白ねぎを入れて沸騰させ、サバの皮を上にして入れる。再沸騰したらアクをとる。
3. みそを少量の煮汁で溶かして加え、アルミホイルなどで落し蓋をして、調味液にとろみがつく程度まで煮つめる。

栄養価 １人分

エネルギー…320kcal、たんぱく質…18.5g、脂質…12.3g、糖質…26.8g、鉄…2.5mg、ビタミン B_2…0.30mg

主菜・疲労回復

レシピ 09

冷蔵庫にある肉や魚介、野菜をたくさん入れよう

八宝菜

八宝菜は主菜と副菜が一緒にとれます。野菜は冷蔵してあるものを活用してもいいです。和風だしに変えて和風あんとして、ごはんやうどんにかけてもおいしくいただけます。

材料 1人分

豚こま肉…60g、塩コショウ…適宜、片栗粉…小さじ1、むきえび…50g、白菜…100g、にんじん…15g、チンゲン菜…1/2株、きくらげ…1g、うずら卵・ゆで…3個、干ししいたけ・スライス…1g、［調味料］鶏がらスープの素…小さじ1/2、砂糖…小さじ1/2、濃口しょうゆ…小さじ1/2、日本酒…小さじ1、塩コショウ…適宜。干しいたけの戻し汁…100cc、水溶き片栗粉（1:1）…大さじ1、ごま油…小さじ1

作り方

1. 豚肉は塩コショウをし、ごま油をひいたフライパンで炒める。白菜やにんじん、チンゲン菜は食べやすい大きさに切る。きくらげと干ししいたけは別々に水で戻す。
2. えび、1の野菜、きくらげ、干ししいたけを入れ炒める。
3. 干ししいたけの戻し汁と調味料を入れてひと煮立ちしたら、うずら卵を加え、水溶き片栗粉でとろみをつける。

栄養価 1人分

エネルギー…285kcal、たんぱく質…23.8g、脂質…15.7g、糖質…10.7g、鉄…3.1mg、ビタミンB_1…0.51mg

主菜・感染症予防

レシピ 10

○○○○○○○ Vitamin B Vitamin B

腸内環境を良くする具材を組み合わせて免疫力アップ

チキンソテー きのこ甘辛ソース

まいたけは免疫機能にも良いビタミン D が豊富です。きのこはうま味が強く、食物繊維も多いので主菜のソースに使うとよいですよ。鶏肉を豚肉や魚に替えてもおいしいです。

材料 1 人分

鶏モモ肉…1 枚、塩コショウ…適宜、小麦粉（あれば）…適宜、しめじ…小 1/2 パック、まいたけ…小 1/2 パック、サラダ油…大さじ 1、[ソースの調味料] 濃口しょうゆ…大さじ 1、みりん…大さじ 1、赤ワイン（または日本酒）…大さじ 1、ケチャップ…小さじ 1、にんにく・すりおろし…少々、砂糖…適宜、[付け合わせ] じゃがいも…小 1/2 個、ブロッコリー…2 小房

作り方

1. 鶏モモ肉に塩コショウをし、薄く小麦粉をつけて、フライパンに油をひき、皮目から焼く。
2. 皮目にこんがり焼き色がついたら、裏返し、空いているスペースでしめじ、まいたけを炒め、調味料を加えて味をからめる。
3. じゃがいもとブロッコリーは塩ゆでし、じゃがいもはフライパンで焼く。

栄養価 1人分

エネルギー…517kcal、たんぱく質…44.7g、脂質…28.4g、糖質…13.6g、食物繊維…2.7g、ビタミン D…2.8μg、ビタミン B_2…0.56mg

主菜・感染症予防

レシピ 11

乳酸菌やビフィズス菌を含む食材で腸活しよう

豚キムチ

発酵食品のキムチには、乳酸菌が含まれていて腸内環境をととのえます。キムチを入れるとからだも温まり、野菜もたっぷり食べられて、ビタミンや食物繊維を補うことができます。

材料 1人分

豚こま肉…100g、塩コショウ…適宜、キムチ…50g、ニラ…1/3束、しょうが…小1かけ、濃口しょうゆ…小さじ1、ごま油…小さじ2、糸唐辛子…適宜

作り方

1. フライパンにごま油としょうがの千切りを入れて火にかけ、香りが立ってきたら豚肉を広げて入れて炒める。
2. 豚肉に火が通ったらニラを加え、最後にキムチとしょうゆを入れて炒める。
3. 盛り付けて糸唐辛子をあしらう。

栄養価 1人分

エネルギー…341kcal、たんぱく質…21.6g、脂質…22.3g、糖質…11.8g、ビタミンB_1…0.70mg、ビタミンE…2.5mg

主菜・感染症予防

レシピ 12

ねばねば3兄弟で免疫を上げ貧血予防もできる丼

ねばねば鉄火丼

納豆、オクラ、長いものねばねば３兄弟は水溶性の食物繊維や鉄がたっぷり。一緒にキムチを使っても腸内環境をととのえることができます。マグロをサーモンにしてもおいしいどんぶりが作れます。

材料 １人分

ごはん…250g、マグロ・刺身用…100g、納豆…小１パック、オクラ…２本、長いも…5㎝、濃口しょうゆ…適宜、わさび…適宜、刻みのり…適宜

作り方

1. マグロはさくの場合、1.5㎝角に切る。
2. オクラは塩で板ずりの後、下ゆでして小口切りにする。長いもはすりおろす。
3. どんぶりにごはんを盛り、マグロ、納豆、オクラ、とろろを盛り付け、刻みのりをあしらう。

栄養価 1人分

エネルギー…604kcal、たんぱく質…28.1g、脂質…3.7g、糖質…111.2g、食物繊維…7.8g、鉄…3.5mg、ビタミンD…4μg

主菜・減量

レシピ 13

豆腐を活用して時短でエネルギーカットもできる

ひじき入り豆腐ハンバーグ

豆腐を使えばひじきを戻さずにハンバーグの具として使えます。豆腐とひじきを使っているのでボリュームがありますが、通常のハンバーグに比べて脂質を減らしエネルギーを100kcal 程度カットすることができます。

材料 1 人分

木綿豆腐…100g、鶏ひき肉…50g、芽ひじき・乾燥…1g、えのき…小 1/3 パック、卵…1/2 個、塩コショウ…少々、小麦粉…小さじ 1、サラダ油…小さじ 1、青じそ…1 枚、大根…3cm幅、ポン酢しょうゆ…大さじ 1、しそ…適宜、[付け合わせ] かぼちゃ…30g、アスパラ…1 本、ミニトマト（あれば）…3 個

作り方

1. 木綿豆腐はキッチンペーパーに包んで軽く水切りをしてひじきを混ぜる。えのきはみじん切りにする。
2. 鶏ひき肉に塩を 1 つまみ入れてしっかり練り、1 と溶き卵、小麦粉を加えてしっかり練り合わせ、成形し焼く。
3. ハンバーグの中まで火が通ったか確認し、盛り付け、しそ、大根おろしをのせてポン酢をかけ、千切りのしそをちらす。

栄養価 1人分

エネルギー…221kcal、たんぱく質…15.0g、脂質…13.9g、糖質…6.8g、カルシウム…133mg、鉄…2.5mg

主菜・減量

レシピ 14

減量時や暑い季節に最適なバランスレシピ！

牛しゃぶサラダ

減量中に不足しがちなたんぱく質がしっかりとれる主菜になるサラダです。野菜は水菜や小松菜に替えてもいいですね。赤身の牛モモ肉は鉄が多いのでお勧めです。

材料 1人分

牛モモ肉・スライス…100g、豆もやし…1/2袋、小松菜…1/4袋、サニーレタス…適宜、ミニトマト…2個、［ドレッシング］ポン酢…大さじ1、麺つゆ（2倍濃縮）…小さじ1、ごま油…小さじ1/2、しょうが…適量、白すりごま…適量

作り方

1. 豆もやし、小松菜の順にゆで、牛肉もさっとゆでて冷水にとる。
2. サニーレタス、豆もやし、小松菜、牛肉を盛り付け、ミニトマトを添える。
3. 合わせたドレッシングをかける。

栄養価 1人分

エネルギー…217kcal、たんぱく質…20.7g、脂質…10.8g、糖質…7.3g、鉄…4.8mg、ビタミンC…38mg

主菜・減量

レシピ 15

低エネ・低脂質・高たんぱくで減量時の強い味方

レンジでバンバンジー

具材はすべて低エネルギーです。鶏ムネ肉は、塩、日本酒などで下味をつけると軟らかく仕上がります。野菜はブロッコリーやもやしでも OK。鶏ムネ肉と一緒にゆでるとよいでしょう。

材料 1 人分

鶏ムネ肉…100g、塩…適宜、日本酒…大さじ 1、きゅうり…1/2 本、トマト…1/4 個、[a: たれ] ごまだれ…大さじ 1、白すりごま…小さじ 1/2、しょうが・すりおろし…小 1 かけ

作り方

1. 鶏ムネ肉は密閉バックに入れ、塩・日本酒と長ねぎを入れてもみ込む（一晩置くとよい）。
2. 1 を耐熱容器に移し、ラップをして 3 ～ 5 分温めて取り出し、5 分ほど置く。
3. 鶏ムネ肉を食べやすく切り、スライスしたトマトと千切りのきゅうりの上にのせ、a のたれをかける。

栄養価 1人分

エネルギー…199kcal、たんぱく質…19.1g、脂質…8.1g、糖質…10.8g、カルシウム…66mg、鉄…1.0mg

主菜・増量

レシピ 16

素材を選び薄めの衣でヘルシーな揚げ物になる

一口カツ

モモ肉は他の部位よりも低脂肪です。ロース肉を使用する場合は、脂質の摂取が増えすぎないように、副菜を工夫しましょう。ソースにごまを入れるとコクがでておいしくなります。

材料 1人分

豚モモ肉・カツ用…120g、塩コショウ…適宜、小麦粉…適宜、卵…適宜、パン粉…適宜、揚げ焼き用油…適宜、中濃ソース…20g、白すりごま…小さじ1/2、[付け合わせ] キャベツ…40g、ミニトマト…3個

作り方

1. 豚モモ肉は塩コショウをし、小麦粉、卵、パン粉の順につける。
2. フライパン表面が隠れる程度に油をひき、1を揚げ焼きにする。
3. 2を付け合わせとともに盛り付け、白すりごまを混ぜた中濃ソースをかける。

栄養価 1人分

エネルギー…484kcal、たんぱく質…24.8g、脂質…32.1g、糖質…23.2g、鉄…1.7mg、ビタミンB_1…1.12mg

主菜・増量

レシピ 17

素材とソースからダブルでたんぱく質がとれる

タルタルたっぷりチキン南蛮

定番は鶏肉ですが、白身魚やサーモンでもおいしくできます。タルタルソースに卵をたっぷり使うと、たんぱく質も多くとれます。

材料 1人分

鶏モモ肉…180g、塩コショウ…適宜、小麦粉…適量、揚げ焼き用油…適量、[a:甘酢だれ] 濃口しょうゆ…大さじ1、米酢…大さじ1、みりん…大さじ1、砂糖…小さじ1、[b:タルタルソース] ゆで卵…1個、マヨネーズ…大さじ1.5、牛乳…小さじ1、砂糖…少々、たまねぎ…20g、[付け合わせ] レタス…30g、トマト…1/4個

作り方

1. 鶏モモ肉に塩コショウをし、小麦粉をつけて、フライパンで揚げ焼きにする。
2. aに1をくぐらせて食べやすい大きさに切り、盛り付ける。
3. 2にbをかけて、付け合わせを添える。

栄養価 1人分

エネルギー…616kcal、たんぱく質…37.9g、脂質…42.2g、糖質…16.5g、鉄…2.7mg、ビタミンB_2…0.50mg

主菜・増量

レシピ
18

肉料理はカラフルな野菜やきのこを付け合わせて

牛肉とカラフル野菜の焼肉風ソテー

牛肉は脂質少なめの赤身肉を使用し、たっぷりの野菜と炒めています。野菜はパプリカがお勧めです。ビタミンCが多く彩りもキレイです。お弁当のおかずにもよいですよ。

材料 1人分

牛肉・焼肉用…120g、パプリカ黄…1/4個、パプリカ赤…1/4個、たまねぎ…小1/4個、まいたけ…30g、サラダ油…小さじ2、白いりごま…適宜、[a：たれ] 焼肉のたれ…大さじ2、コチュジャン…適宜、豆板醤…適宜

作り方

1. フライパンにサラダ油をひき、まいたけと野菜をさっと炒める。
2. 1のフライパンに、牛肉を入れて両面を焼く。
3. たれを加えて味をからめ、盛り付けたら、白いりごまをあしらう。

栄養価 1人分

エネルギー…420kcal、たんぱく質…23.2g、脂質…25.3g、糖質…23.4g、鉄…4.0mg、ビタミンC…133mg

主菜・リカバリー

レシピ 19

酢飯にすると食欲が落ちた時にも食べやすい

お手軽のっけちらし寿司

食欲がない時でも、さっぱりとした酸味の効いたちらし寿司なら、主食と主菜を一緒にしっかり確保できます。具はたっぷりとのせることがポイントです。そぼろでもおいしいですよ。

材料 1人分

ごはん…200g、すし酢…大さじ1、白すりごま…適宜、卵…1個、砂糖…小さじ1/2、塩…少々、サーモン・刺身用…50 g、マグロ・刺身用…50g、しそ…1枚、刻みのり…適宜

作り方

1. ごはんにすし酢を混ぜ、白すりごまを加える。
2. 卵は溶きほぐし、塩、砂糖を加えて、炒り卵を作る。
3. 1のごはんに、2とサーモン・マグロを盛り付けて、刻みのりと千切りのしそを添える。

栄養価 1人分

エネルギー…577kcal、たんぱく質…27.0g、脂質…12.9g、糖質…85.1g、鉄…2.2mg、ビタミンD…8.1μg

朝食

レシピ 20

フライパン1つで楽ちんなお勧めの朝食レシピ

オープンオムレツ

黄赤緑と色鮮やかなオープンオムレツです。具に電子レンジで温めたかぼちゃやコーンを使うと、子どもでも食べやすくなります。

材料 1人分

卵…2個、ほうれんそう・冷凍…30g、とろけるチーズ…20g、ミニトマト…2個、砂糖…1つまみ、塩コショウ…適宜、オリーブ油…小さじ1、ケチャップ…適宜

作り方

1. 卵を溶きほぐし、解凍したほうれんそう、チーズ、トマトを入れて調味する。
2. 小さめのフライパンにオリーブ油を入れて熱し、卵を加えたら混ぜながら程よい硬さまで火を通す。
3. 皿に盛り付けてケチャップを添える。

栄養価 1人分

エネルギー…257kcal、たんぱく質…16.5g、脂質…18.2g、糖質…4.8g、カルシウム…204mg、鉄…2.0mg

朝食

レシピ 21

レンジで簡単！主菜・副菜組み合わせレシピ

卵ココット

主菜と副菜が一緒にとれ、空いている時間で簡単に作ることができる、忙しい朝にピッタリの一品です。冷凍野菜を使えば包丁も不要。野菜はアスパラやキャベツでもお勧めです。

材料 1人分

卵…1個、ブロッコリー・冷凍…30g、ベーコン…小1枚

作り方

1. 小さな耐熱容器に冷凍ブロッコリーを入れて電子レンジで1分温める。
2. 1にカットしたベーコン、卵1個を加え、黄身に楊枝で2～3箇所穴を開け、ラップをして再度電子レンジに1分程度かける。
3. お好みでパルメザンチーズやケチャップをかける。

栄養価 1人分

エネルギー…155kcal、たんぱく質…9.7g、脂質…11.0g、糖質…3.7g、鉄…1.4mg、ビタミンC…61mg

朝食

レシピ 22

1つの鍋で作る味付け自由なバランス朝食レシピ

ポトフ

具材がたっぷり入ったポトフです。鶏肉を入れることで主菜にもなります。野菜は大根やかぼちゃでもおいしく作れます。ごはんにもパンにも合いますよ。

材料 1人分

ウインナー…1個、鶏モモ肉…60g、キャベツ…50g、ブロッコリー…3小房、コーン…15g、じゃがいも…1/2個、顆粒スープの素…2g、水…250cc、塩コショウ…適宜

作り方

1. じゃがいもは皮をむき、食べやすい大きさに切り、水から煮る。
2. じゃがいもが軟らかくなったら、他の野菜と鶏モモ肉、ウインナーと顆粒スープの素を入れる。
3. 塩コショウで味を調整する。

栄養価 1人分

エネルギー…254kcal、たんぱく質…15.8g、脂質…14.2g、糖質…10.8g、鉄…1.6mg、ビタミンC…116mg

朝食

レシピ 23

レンジ容器と冷凍野菜は時間のない朝をサポート

レンジで温野菜

不足しがちな緑黄色野菜ですが、電子レンジを使うと忙しい朝でも簡単に用意ができます。色の濃い野菜はビタミンも多いので、少量でも食べる習慣をつけましょう。

材料 1人分

ブロッコリー・冷凍…50g、アスパラ・冷凍…20g、かぼちゃ・冷凍…40g、お好みのドレッシング…適量

作り方

1. 耐熱容器に野菜を入れ、電子レンジで温める。

栄養価 1人分

エネルギー…50kcal、たんぱく質…2.2g、脂質…0.2g、糖質…7.6g、鉄…0.8mg、ビタミンC…44mg

朝食

レシピ 24

包丁とまな板いらずでもスープがパパっとできる

カップでコンソメスープ

電子レンジで簡単に作れるスープです。具は冷蔵庫にある野菜で十分です。卵を１つ加えると主菜にもなります。

材料 １人分

ほうれんそう・冷凍…30g、コーン…10g、ササミ…１本、顆粒スープの素…2g、水…150cc、塩コショウ…適宜

作り方

1. カップにほうれんそうとコーン、はさみで切ったササミを加え、顆粒スープの素と水入れて、電子レンジで２分程度加熱する。

栄養価 １人分

エネルギー…63kcal、たんぱく質…10.8g、脂質…0.4g、糖質…3.1g、ビタミンA…135μg、ビタミンE…1.2mg

朝食

レシピ 25

これだけでも食べて①

納豆かけごはん

朝食を抜くと疲れやすい、集中力が続かないなど、デメリットがたくさん！まずは少しでも食べる習慣をつけましょう。

材料 １人分

ごはん…茶碗（大）１杯、納豆…１パック

栄養価 １人分

エネルギー…360kcal、たんぱく質…8.8g、脂質…4.2g、糖質…70.0g、カルシウム…41mg、鉄…1.5mg

朝食

レシピ 26

これだけでも食べて②

卵かけごはん

卵は良質なたんぱく質やビタミン、ミネラルを豊富に含みます。汁物を加えれば、さらにバランスアップ！

材料 １人分

ごはん…茶碗（大）１杯、卵…１個

栄養価 １人分

エネルギー…383kcal、たんぱく質…9.7g、脂質…5.1g、糖質…73.9g、鉄…0.9mg、ビタミンB2…0.20mg

朝食

レシピ 27

これだけでも食べて③ 少しでも組み合わせよう

パン・ヨーグルト・オレンジジュース

パンだけの朝ごはんはやめて、少なくともヨーグルトとオレンジジュースをつけると、カルシウムやビタミンＣが補給できます。汁物や卵料理を一品加えれば、バランスの良いメニューになります。

材料 1人分

食パン5枚切り…1枚、プレーンヨーグルト…150g、はちみつ…適宜、オレンジジュース…コップ1杯（200g）

栄養価 1人分

エネルギー…412kcal、たんぱく質…11.5g、脂質…7.2g、糖質…77.1g、カルシウム…210mg、ビタミンC…62mg

朝食

レシピ 28

これだけでも食べて④ いつもストックしておこう

バナナ&ヨーグルト

朝、出かける時間が早かったり、寝坊したりして、どうしても時間がないという時もあります。すぐに食べられるようにストックしておきましょう。シリアルや牛乳・チーズもお勧めです。

材料 1人分

バナナ…1本、カップヨーグルト…1個

栄養価 1人分

エネルギー…158kcal、たんぱく質…4.7g、脂質…0.3g、糖質…66.2g、カルシウム…126mg、ビタミンB_2…0.19mg

1人暮らし

レシピ 29

チンするだけで立派なおかずに。好みの味付けで

レンジで簡単よだれ鶏

よだれ鶏は鶏ムネ肉に辛めのたれをかけて食べる冷菜です。短時間でできる電子レンジで作るおかずは、1人暮らしの選手にお勧めです。

材料 1人分

鶏ムネ肉…150g、塩…1g程度、砂糖…少々、日本酒…大さじ1、[a：たれ] しょうが…小1かけ、白ねぎ…3cm程度、濃口しょうゆ…大さじ1、米酢…大さじ1、砂糖…小さじ1、ごま油…小さじ1、ラー油…適宜

作り方

1. 鶏ムネ肉は塩、砂糖、日本酒をもみ込み耐熱容器に入れてラップをかけ、電子レンジで5分程度加熱して冷ます。
2. aを混ぜ合わせてソースをかける。

栄養価 1人分

エネルギー…278kcal、たんぱく質…26.0g、脂質…12.2g、糖質…13.9g、鉄…0.7mg、ビタミン B_2…0.34mg

1人暮らし

レシピ 30

カット野菜や冷凍野菜は1人暮らし選手の強い味方

肉団子の一人鍋

鶏ひき肉で作る肉団子と野菜がたっぷり入った鍋です。野菜はカット野菜を活用してもよいでしょう。市販の肉団子やカットされた鶏肉を使えばより手軽にできます。

材料 1人分

鶏ひき肉…100g、塩コショウ…適宜、日本酒…小さじ1、カット万能ねぎ…10g、しょうが…少々、片栗粉…小さじ1、白菜…150g、水菜…1株、白ねぎ…1/2本、木綿豆腐…1/4丁、[a：つゆ] だし汁…400cc、白だし…大さじ2、みりん…大さじ1、塩…適宜

作り方

1. 鶏ひき肉は塩、日本酒、カット万能ねぎ、しょうが、片栗粉を入れてしっかり練る。
2. aを沸騰させ、丸く成形した1を入れて再沸騰したら、カットした野菜を加えて軟らかくなるまで煮る。

栄養価 1人分

エネルギー…306kcal、たんぱく質…22.7g、脂質…15.6g、糖質…12.1g、鉄…4.4mg、ビタミンC…68mg

1人暮らし
レシピ
31

炊飯器で炊くだけでできる簡単おかずごはん

サケとごぼうの炊き込みごはん

炊飯器に材料をすべて入れてスイッチを押すだけで、ごぼうとしめじのうま味たっぷりのおいしい炊き込みごはんができます。冷凍のサケを凍ったままで使うこともできますよ。

材料 1合分

米…1合、サケ切り身…1切れ、ささがきごぼう…30g、しめじ…20g、麺つゆ・2倍濃縮…大さじ1.5前後、水…200cc前後、塩…適宜、万能ねぎ…適宜

作り方

1. 米を研ぎ、炊飯器に入れ、水と麺つゆを入れたら混ぜて味をなじませる。
2. しめじ、ごぼうを入れ、上にサケをのせて、炊飯をする。
3. 炊けたら、しゃもじで混ぜ、器に盛り、のりとねぎをのせる。

栄養価 1合分

エネルギー…608kcal、たんぱく質…22.6g、脂質…23.6g、糖質…114.2g、鉄…1.5mg、ビタミンD…25.7μg

1人暮らし

レシピ
32

好みの肉や野菜をたっぷり入れて作り置きしよう

具だくさんカレー

カレーにたくさんの野菜を入れ込めば、主食・主菜・副菜が組み合わされたバランスの良い食事になります。貧血気味な場合は牛肉を選ぶと鉄をより補給できます。

材料 1人分

ごはん…250g、豚こま肉…80g、たまねぎ…50g、かぼちゃ…50g、にんじん…20g、なす…40g、しめじ…20g、ブロッコリ　…3小房、トマト…40g、にんにく…小1かけ、しょうが…小1かけ、サラダ油…小さじ1、カレー粉…適宜、はちみつ…適宜、牛乳…30g、カレールウ…25g、水…100cc

作り方

1. 鍋にサラダ油、にんにく、しょうがを入れて火をつけ、香りが立ったら、豚肉とカレー粉を入れて炒める。
2. 1に、ブロッコリー以外の食べやすい大きさに切った野菜を加えて炒め、水を加えて野菜が軟らかくなるまで煮る。
3. ルウを入れて、最後に牛乳、はちみつなどを入れて味をととのえ、ゆでたブロッコリーをのせる。

栄養価 1人分

エネルギー…786kcal、たんぱく質…25.7g、脂質…21.4g、糖質…113.2g、鉄…3.1mg、ビタミンC…106mg

1人暮らし

レシピ 33

1つの鍋やフライパンで作れるレシピを増やそう

フライパン1つでパスタ

フライパン1つでできるワンパスタです。フライパンからパスタがはみ出る場合は半分に折って。ベーコンを海鮮（えびやほたてなど）や鶏肉に替えてもおいしくできます。

材料 1人分

パスタ・乾燥…100g、ベーコン…1枚、しめじ…30g、ほうれんそう・冷凍…50g、牛乳…100g、オリーブ油…小さじ1、塩コショウ…適宜、パルメザンチーズ…適宜

作り方

1. フライパンにオリーブ油をひき、ベーコンとしめじを入れて炒める。
2. 1に水とパスタを加え、中火で袋に表示されている時間より1分短い程度、水気がなくなるまで煮る。
3. 牛乳を加え、ほうれんそうを加えたら塩コショウで味をととのえる。お好みでパルメザンチーズ、黒コショウをかける。

栄養価 1人分

エネルギー…529kcal、たんぱく質…21.0g、脂質…14.2g、糖質…73.3g、カルシウム…245mg、鉄…2.3mg

副菜・和風

レシピ 34

アレンジ無限の豆腐レシピを副菜に追加しよう

冷奴２種（じゃこ奴／のり納豆奴）

豆腐は安価で使い勝手がよい食品です。手軽にカルシウムや鉄を補給することができます。トマトやチーズなども合うので、いろいろな奴アレンジを試してみましょう。

材料 １人分

絹豆腐…各 1/4 丁、[a：じゃこ奴] 水菜…10g、しらす…5g、ごま油…小さじ 1/2、濃口しょうゆ…小さじ１／ [b：のり納豆奴] 納豆…30g、のりフレーク…適宜

作り方

1. a は豆腐に水菜としらすをのせ、b はたれを加えた納豆の上にのりフレークとねぎをかける。

栄養価 1人分

[じゃこ奴] エネルギー…86kcal、たんぱく質…6.8g、脂質…5.2g、糖質…1.9g、カルシウム…111mg、鉄…1.5mg

[のり納豆奴] エネルギー…114kcal、たんぱく質…9.6g、脂質…6.1g、糖質…3.3g、カルシウム…103mg、鉄…2.2mg

副菜・和風

レシピ 35

すぐできるミネラル・ビタミン豊富なお助けレシピ

小松菜と厚揚げのさっと煮

厚揚げと小松菜は鉄とカルシウムの多い食品です。煮物だけでなく炒め物やみそ汁にも活用できます。

材料 １人分

小松菜…80g、厚揚げ…50g、コーン…10g、[a：煮汁] 白だし…小さじ 1、みりん…小さじ 1、日本酒…小さじ 1、塩…少々、だし汁…80cc、白ごま…適宜、水溶き片栗粉…適宜

作り方

1. 鍋に a を入れて、小松菜と厚揚げを加えてさっと煮る。
2. お好みで片栗粉でとろみをつける。

栄養価 1人分

エネルギー…94kcal、たんぱく質…6.2g、脂質…54g、糖質…5.4g、カルシウム…256mg、鉄…3.5mg、ビタミン C…62mg

副菜・和風

レシピ 36

定番常備菜にしたいから作り置きしておこう

ほうれんそうのごま和え

ゆでて和えるだけの副菜です。ほうれんそうは洗ってラップをし、電子レンジで１分ほど温めると簡単に使えます。ごまはカルシウムや鉄も含むのでたっぷり使うとよいでしょう。

材料 １人分

ほうれんそう…80g、[a：和え衣] 黒すりごま…小さじ 1、しょうゆ…小さじ 1、砂糖…小さじ 1 弱

作り方

1. ほうれんそうはゆでて、食べやすい長さに切って、水気をしぼる。
2. a の和え衣で和える。

栄養価 1人分

エネルギー…34kcal、たんぱく質…2.1g、脂質…1.2g、糖質…3.4g、カルシウム…65mg、鉄…1.9mg、ビタミン C…28mg

副菜・和風

レシピ 37

具だくさんの常備菜は冷凍保存でお弁当にも活用

五目ひじき煮

栄養価 1人分

エネルギー…99kcal、たんぱく質…5.6g、脂質…5.4g、糖質…4.3g、カルシウム…78mg、鉄…1.2mg

ひじきはカルシウムや食物繊維の補給源になります。大豆や小松菜なども一緒に炒めると鉄が補給できます。多めに作って小分けにし、冷凍保存で常備菜に！

材料 1人分

芽ひじき・乾燥…5g、豚ひき肉…15g、にんじん…10g、油揚げ…5g、えのき…小 1/4 パック、むき枝豆・冷凍…15g、ごま油…小さじ 1/2、[a：煮汁] だし汁…100cc、濃口しょうゆ…小さじ 1、砂糖…小さじ 1、みりん…小さじ 1

作り方

1. 芽ひじきは水で戻す。
2. 鍋にごま油を入れて、豚ひき肉を炒め、枝豆以外のその他の材料を加えて炒め、a を加えて煮含める。
3. 程よく味を含ませたら、枝豆を加える。

副菜・和風

レシピ 38

根菜をとるならこれ。フライパンでも作れます

筑前煮

油で炒めて煮る根菜たっぷりの煮物。鶏肉を手羽元や手羽中に変えると味にコクがでておいしくなります。根菜には食物繊維もたっぷりと含まれています。

材料 1人分

里いも…1個、れんこん…30g、にんじん…15g、こんにゃく…15g、干ししいたけ…1枚、鶏モモ肉…60g、サラダ油…小さじ1/2、さやいんげん…1本、[a：煮汁] 干ししいたけの戻し汁…150cc、濃口しょうゆ…大さじ1、みりん…大さじ1、日本酒…小さじ1、砂糖…小さじ1

作り方

1. 干ししいたけを水で戻す。
2. 鍋にサラダ油をひき、鶏モモ肉を炒め、他の材料を加えてさらに炒めたら、1の戻し汁を入れる。
3. aを加えて15分ほど煮て、塩ゆでしたさやいんげんをちらす。

栄養価 1人分

エネルギー…217kcal、たんぱく質…12.1g、脂質…9.2g、糖質…19.0g、食物繊維…3.1mg、ビタミンC…20mg

副菜・和風

レシピ 39

旬野菜と練り製品でごはんが進む時短煮物を

大根とさつま揚げの煮物

栄養価 1人分

エネルギー…99kcal、たんぱく質…5.1g、脂質…0.7g、糖質…13.6mg、食物繊維…2.4mg、カルシウム…74mg

煮物は野菜をたっぷりと食べられ、食物繊維もとりやすい副菜です。白だし仕立てですが、さつま揚げがだし代わりに。みそ味でもおいしく食べられます。

材料 1人分

大根…50g、にんじん…30g、しめじ…15g、さつま揚げ…1枚、大根葉（あれば）…適宜、だし汁…200cc、[a] 白だし…大さじ1、みりん…大さじ1、日本酒…小さじ1、塩…適宜

作り方

1. 大根とにんじんは皮をむき、いちょう切りにする。
2. だし汁に大根、にんじん、しめじ、さつま揚げを入れて、軟らかくなるまで煮る。
3. aを加えてさらに10分程度煮て味を含ませる。下ゆでした大根葉をちらすとよい。

副菜・和風

レシピ 40

超簡単に作れるごはんのお供はお弁当のおかずにも

無限ピーマン

簡単に作れてごはんが進む一品です。ピーマンは苦みが強い食品ですが、ツナと一緒に炒めると食べやすくなります。ツナをかつお節に替えても OK。

材料 1 人分

ピーマン…2 個、ツナ…20g、ごま油…小さじ 1、鶏がらスープの素…小さじ 1/2、塩コショウ…適宜、白いりごま…適宜

作り方

1. ピーマンとツナとごま油、鶏がらスープの素を耐熱容器に入れて、電子レンジで 1 分程度加熱する。
2. 白いりごまを混ぜる。

栄養価 1 人分

エネルギー…73kcal、たんぱく質…3.6g、脂質…5.0g、糖質…2.8g、ビタミン C…46mg

副菜・和風

レシピ 41

市販の下処理済みの野菜を使うと手早くできる

五目きんぴら

根菜には食物繊維やミネラルが豊富に含まれています。通常のきんぴらに小松菜や牛こま肉を入れることで、鉄やカルシウム、ビタミン C を確保でき、ボリュームも増します。

材料 1 人分

れんこん…30g、にんじん…20g、ごぼう…20g、牛こま肉…30g、小松菜…適宜、ごま油…小さじ 1、[a] しょうゆ…小さじ 2、みりん…小さじ 2、砂糖…適宜、白いりごま…適宜、七味唐辛子…お好み

作り方

1. ごぼうはささがきにして水にさらしアク抜きをし、水気を切る。
2. フライパンにごま油を入れ、牛肉を炒め、小松菜以外の野菜を炒める。
3. a を加え、味が甘辛くからまるまで炒める。最後に小松菜と白いりごまを加えさっと炒める。

栄養価 1 人分

エネルギー…157kcal、たんぱく質…7.4g、脂質…6.2g、糖質…14.1g、カルシウム…121mg、鉄…2.8mg、ビタミン C…36mg

副菜・中華&洋風

レシピ 42

色鮮やかで野菜をおいしくたっぷり食べられる

3色ナムル

ゆでて和えるだけの超簡単な副菜です。赤白緑の彩りがよく、にんじん、豆もやしの食感も楽しめます。ほうれんそうを小松菜や豆苗にしてもおいしく食べられます。

材料 1人分

ほうれんそう…50g、豆もやし…50g、にんじん…30g、[a：和え衣] ごま油…小さじ1、塩…適宜、鶏がらスープの素…少々、にんにく…少々、白すりごま…小さじ1

作り方

1. ほうれんそう、豆もやし、千切りにしたにんじんはそれぞれ塩ゆでする。
2. それぞれをaの和え衣で和える。
3. 2を盛り合わせる。

栄養価 1人分

エネルギー…74kcal、たんぱく質…2.7g、脂質…5.1g、糖質…2.4g、カルシウム…44mg、鉄…1.6mg、ビタミンC…22mg

副菜・中華&洋風

レシピ 43

簡単で食べやすい甘酢漬けは健康効果あり

スティック彩り野菜ハニー甘酢漬け

栄養価 1人分

エネルギー…72kcal、たんぱく質…0.9g、脂質…0.1g、糖質…15.3g、ビタミンC…105mg、ビタミンA…247μg

漬け込めば1週間ほど冷蔵庫で保存できるので常備菜としてサラダ代わりとなります。パプリカはビタミンCが多く、食卓に彩りを添えてくれます。

材料 1人分

大根…30g、にんじん…30g、パプリカ赤…30g、パプリカ黄…30g、きゅうり…30g、[a:甘酢液] 米酢…50cc、はちみつ…50cc、塩…1つまみ

作り方

1. 保存びんやタッパーに切った野菜を入れる。
2. 甘酢液は小鍋に入れてひと煮立ちさせたら火を止め、1に入れる。粗熱が取れたら、冷蔵庫へ。
3. 1～2時間漬ける。

副菜・中華&洋風

レシピ 44

季節の野菜をたっぷりとるならこれでしょ！

季節の野菜炒め

野菜炒めの時は、色の濃い野菜を1種類以上は活用しましょう。ピーマン、チンゲン菜などは、ビタミンAやCが補給できます。

材料 1人分

キャベツ…50g、小松菜…2株、にんじん…15g、もやし…50g、サラダ油…小さじ1、塩コショウ…適宜

作り方

1. 野菜を食べやすい大きさに切り、フライパンにサラダ油を熱し、火の通りにくい野菜から強火で炒める。
2. 調味をして盛り付ける。

栄養価 1人分

エネルギー…57kcal、たんぱく質…1.2g、脂質…4.0g、糖質…3.1g、カルシウム…110mg、鉄…1.6mg、ビタミンC…41mg

副菜・中華&洋風

レシピ 45

安くて2回収穫ができ抗酸化作用のあるお得野菜

豆苗とベーコンの炒め

栄養価 1人分

エネルギー…97kcal、たんぱく質…5.1g、脂質…5.7g、糖質…5.1g、ビタミンC…29mg、ビタミンA…230μg

カリカリベーコンと、シャキシャキとした食感も楽しめる豆苗を使った時短レシピです。豆苗は年中、安価で使いやすい食品で、和え物や肉巻きの具などにも活用できます。

材料 1人分

豆苗…1/2パック、にんじん…15g、コーン…15g、ベーコン…1枚、サラダ油…小さじ1、塩コショウ…適宜、濃口しょうゆ…お好みで

作り方

1. フライパンにサラダ油を熱し、ベーコンをカリカリに焼く。
2. 必要に応じて余分な油をふき取り、にんじんを加え炒めた後、カットした豆苗とコーンを加えさっと炒める。
3. 調味し盛り付ける。

副菜・中華&洋風

レシピ 46

にんにくとごま油の味付けはどの野菜にも合う

チンゲン菜のガーリックソテー

チンゲン菜は使いやすい食材です。白菜やかぶと同じ仲間で、炒め物だけでなく、スープの具にも活用できます。

材料 1人分

チンゲン菜…1株、にんじん…20g、パプリカ赤…30g、にんにく…小1かけ、ごま油…小さじ1、塩コショウ…適宜

作り方

1. 野菜は食べやすい大きさに切る。
2. フライパンにごま油とにんにくを入れ、にんじんとチンゲン菜の茎を加え炒める。
3. 2にパプリカを加えて油が回ったら、最後にチンゲン菜の葉部分を入れ、調味する。

栄養価 1人分

エネルギー…58kcal、たんぱく質…1.0g、脂質…4.1g、糖質…3.5g、カルシウム…97mg、鉄…1.2mg、ビタミンC…74mg

副菜・中華&洋風

レシピ 47

すぐ火が通り栄養価の高い小松菜を毎日食べたい

小松菜としめじの炒め

栄養価 1人分

エネルギー…58kcal、たんぱく質…2.6g、脂質…4.0g、糖質…1.6g、カルシウム…137mg、鉄…2.5mg、ビタミンC…31mg

緑黄色野菜の代表格の小松菜は、安価で価格も安定しています。お浸しや和え物、汁物など、幅広く活用できます。

材料 1人分

小松菜…80g、しめじ…20g、かつお節…2g、サラダ油…小さじ1、白だし…小さじ1.5、塩コショウ…適宜

作り方

1. フライパンにサラダ油を熱し、しめじを炒め、その後小松菜を加えて炒める。
2. 1に白だしとかつお節を加えてさっと炒める。

副菜・サラダ

レシピ 48

香ばしい味付けで豆腐と野菜がたくさん食べられる

豆腐チョレギサラダ

ドレッシングは市販品でも OK。豆腐やゆで大豆は鉄が多いので、貧血気味の選手は積極的に活用しましょう。

材料 1人分

木綿豆腐…1/4 丁、サニーレタス…40g、アスパラ…1 本、長ねぎ…5cm 分、ミニトマト…2 個、韓国のり…適宜、白いりごま…適宜、[a：ドレッシング] ごま油…小さじ 1、レモン汁…小さじ 1、砂糖…小さじ 1/2、濃口しょうゆ…小さじ 1/2、にんにく…適宜

作り方

1. サニーレタスとミニトマトは食べやすく切る。長ねぎは白髪ねぎにする。アスパラはゆでて斜め切りにする。
2. 豆腐は重ねたキッチンペーパーで水気を取り、他の野菜と一緒に a で和える。
3. 2 を盛り付け、トマトを添えて、韓国のりをちらす。

栄養価 1人分

エネルギー…131kcal、たんぱく質…7.9g、脂質…7.6g、糖質…6.1g、カルシウム 131…mg、鉄…2.6mg、ビタミン C…20mg

副菜・サラダ

レシピ 49

火を通すと緑黄色野菜がしっかり食べられる

温野菜サラダ

栄養価 1人分

エネルギー…136kcal、たんぱく質…4.2g、脂質…0.4g、糖質…24.9g、カルシウム…86mg、鉄…1.6mg、ビタミン C…134mg

温野菜は野菜をたっぷり食べられます。特にブロッコリーやさつまいもはビタミン C が多く含まれます。かぼちゃやいもを入れると満腹感も増します。電子レンジを活用すると簡単です。

材料 1人分

ブロッコリー…40g、かぼちゃ…50g、にんじん…30g、さつまいも…40g、アスパラ…30g、キャベツ…60g、お好みのドレッシング…適宜

作り方

1. 野菜といもはそれぞれ食べやすい大きさに切ってゆでる。

副菜・サラダ

レシピ 50

カラフルな野菜の組み合わせでビタミンCを

彩りサラダ

サラダにはブロッコリーやパプリカなど、色のキレイな野菜を加えて食べるようにしましょう。彩り豊かな盛り付けにすると栄養価だけでなく、気分が上がってもりもり食べられます。

材料 1人分

サニーレタス…30g、トマト…1/4個、ブロッコリー…2小房、コーン…10g、パプリカ黄…20g、お好みのドレッシング…適宜

作り方

1. ブロッコリーは塩ゆでし、他の野菜は食べやすい大きさに切り、盛る。

栄養価 1人分

エネルギー…36kcal、たんぱく質…1.8g、脂質…0.2g、糖質…5.1g、カルシウム…33mg、鉄…0.9mg、ビタミンC…82mg

副菜・サラダ

レシピ 51

やさしい口当たりで腹持ちも良く、風邪予防にも

かぼちゃエッグサラダ

栄養価 1人分

エネルギー…169kcal、たんぱく質…7.0g、脂質…9.6g、糖質…12.3g、カルシウム…55mg、鉄…1.4mg、ビタミンC…31mg

かぼちゃはビタミンA・E・Cが多いので免疫力向上に役立ちます。かぼちゃだけでもおいしいですが、卵を入れることでコクがでて、たんぱく質をプラスすることができます。

材料 1人分

かぼちゃ…60g、卵…1個、マヨネーズ…小さじ1.5、プレーンヨーグルト…小さじ1.5、塩コショウ…少々、砂糖…少々、[付け合わせ] サニーレタス…10g、ミニトマト…1個

作り方

1. かぼちゃは塩ゆでし、マッシュする。
2. 卵はゆで卵にして、粗みじんにし、1に加えて調味料で和える。

汁物・和風

レシピ 52

野菜不足解消のためには具の多いみそ汁が効果的

みそ汁３種 （豆腐とわかめ／乾物／具だくさん）

乾物や豆腐のみそ汁は鉄やカルシウムなどの不足しやすい栄養素が補給できます。みそにも鉄など多くの栄養素が含まれるので、１日１杯以上飲むようにしましょう。

材料 １人分

だし汁…各150cc、みそ…各小さじ2、万能ねぎ…適宜、（具）［a：豆腐とわかめ］木綿豆腐…60g、乾燥わかめ…1g、ふ…1g／［b：乾物］にんじん入り切り干し大根…5g、高野豆腐・小カット…5g／［c：具だくさん］大根…15g、にんじん…15g、小松菜…20g、しめじ…10g、油揚げ…5g、木綿豆腐…30g

作り方

1. だし汁をわかし、a、b、c それぞれの具を加えて、具が軟らかくなったらみそを加える。

栄養価 １人分

［豆腐とわかめ］エネルギー…64kcal、たんぱく質…5.7g、脂質…3.4g、糖質…3.4g、カルシウム…76mg、鉄…1.4mg／［乾物］エネルギー…85kcal、たんぱく質…6.7g、脂質…2.3g、糖質…4.8g、カルシウム…100mg、鉄…1.1mg／［具だくさん］エネルギー…76kcal、たんぱく質…6.0g、脂質…3.2g、糖質…4.4g、カルシウム…102mg、鉄…1.9mg

汁物・中華

レシピ 53

口当たりの良い満足感のあるスープでからだも温まる

豆腐と春雨の中華スープ

野菜やきのこも入った具だくさんのスープです。鶏肉や豚肉を入れると食べ応えのあるおかずスープになります。1人暮らしの選手にもお勧めです。

材料 1人分

緑豆春雨…8g、木綿豆腐…40g、白菜…30g、にんじん…15g、チンゲン菜…30g、えのき…15g、ロースハム…20g、万能ねぎ…適宜、しょうがのしぼり汁…少々、[a] 鶏がらスープの素…小さじ1弱、水…150cc、塩コショウ…適宜、濃口しょうゆ…少々

作り方

1. 緑豆春雨はお湯で戻す。野菜は食べやすい大きさに切る。
2. aをわかし、硬い野菜から加え、木綿豆腐、春雨を加えて、最後にしょうがのしぼり汁を加える。
3. 器に盛り付け、万能ねぎを加える。

栄養価 1人分

エネルギー…119kcal、たんぱく質…6.9g、脂質…4.6g、糖質…10.8g、カルシウム…88mg、鉄…1.4mg、ビタミンC…20mg

汁物・洋風

レシピ 54

貧血予防と丈夫な骨づくりに最適の濃厚スープ

クラムチャウダー

栄養価 1人分

エネルギー…223kcal、たんぱく質…11.6g、脂質…10.5g、糖質…17.1g、カルシウム…217mg、鉄…6.9mg

クラムチャウダーは簡単に作れる貧血気味の選手に特にお勧めのスープです。

材料 1人分

じゃがいも…40g、たまねぎ…40g、にんじん…20g、しめじ…15g、ベーコン…10g、アサリ…20g、サラダ油…小さじ1、小麦粉…小さじ1、ブロッコリー…2小房、水…適宜、[a] 顆粒スープの素…2g、牛乳…150g、塩コショウ…適宜

作り方

1. 鍋にサラダ油を熱し、ベーコンを炒め、野菜としめじを加えて小麦粉をふり入れ、さらに炒める。
2. 1に水100cc程度を加えて材料が軟らかくなるまで煮る。aを加え弱火で煮込む。
3. 器に盛り付けて下ゆでしたブロッコリーを添える。

汁物・洋風

レシピ
55

食べるスープは好みの野菜や具で作り置きしたい

ミネストローネ

トマト缶をトマトジュースに変えてもおいしく作れます。多めに鶏肉などを加えると主菜として、しっかり煮込むとパスタソースとしても活用できます。

材料 1人分

たまねぎ…小1/4個、にんじん…20g、ウインナー…1本、しめじ…15g、トマト缶…100g、水…50cc、顆粒スープの素…2g、塩コショウ…適宜、パセリ・乾燥…適宜、塩コショウ…少々、砂糖…適宜

作り方

1. 鍋にパセリ以外の材料を加えて、野菜が軟らかくなるまで煮る。

栄養価 1人分

エネルギー…113kcal、たんぱく質…3.8g、脂質…6.0g、糖質…9.2g、鉄…0.8mg、ビタミンC…21mg

汁物・洋風

レシピ
56

季節の野菜やいもに変えてもおいしく食べられる

かぼちゃスープ

栄養価 1人分

エネルギー…176kcal、たんぱく質…5.0g、脂質…5.9g、糖質…23.7g、カルシウム…151mg、ビタミンC…46mg、ビタミンE…5.1mg

ポタージュスープの定番食材であるかぼちゃを使ったスープです。かぼちゃをじゃがいもやさつまいもに変えてもおいしく作ることができます。夏は冷製スープにするとよいですね。

材料 1人分

かぼちゃ…100g、たまねぎ…20g、バター…3g、牛乳…120g、顆粒スープの素…2g、砂糖…小さじ1/2、パセリ・乾燥…適宜

作り方

1. かぼちゃはラップをして電子レンジで1分程度加熱する。
2. たまねぎをバターでよく炒め、軟らかくなった1と牛乳とともにミキサーに入れて滑らかにする。
3. 鍋に入れて調味し、器に盛り付ける。あれば乾燥パセリをふる。

主食

レシピ 57

味をつけるとごはんが進む。おにぎりにして補食にも

炊き込みごはん

鶏モモ肉ときのこの風味豊かな炊き込みごはんです。主食がしっかりとれます。たんぱく質も一緒にとれる炊き込みごはんは、練習後の補食にもお勧めです。

材料 1合分

米…1合、鶏モモ肉…70g、にんじん…15g、えのき…小1/4パック、しめじ…小1/4パック、油揚げ…10g、だし汁…200cc弱、濃口しょうゆ…大さじ1、みりん…大さじ1、日本酒…大さじ1、塩…適宜、砂糖…適宜

作り方

1. 米を洗い炊飯釜に入れ、だし汁を入れる。具材は食べやすい大きさに切る。
2. 浸漬後に調味料を入れ、具材を米の上に入れ、炊飯する。

栄養価 1合分

エネルギー…737kcal、たんぱく質…25.0g、脂質…14.3g、糖質…120g、カルシウム…55mg、鉄…2.8mg

主食

レシピ
58

魚嫌いにもおいしく、魚の栄養素丸ごとの優れもの

サバ缶で炊き込みごはん

サバ缶を汁ごと入れて炊くだけのお手軽の炊き込みごはんです。他の魚缶詰でもできます。鉄とカルシウムだけでなく、たんぱく質も合わせてとれる主食となりお勧めです。

材料 1合分

米…1合、サバ缶…1缶、ごぼう…20g、にんじん…15g、しょうが…3g、刻みのり…適宜、白いりごま…適宜

作り方

1. 米は洗い、炊飯釜に入れ、水を1合の水よりやや少なめに入れる。
2. 炊飯釜に米、ごぼう、にんじん、しょうがとサバ缶を汁ごと入れて炊く。
3. 炊きあがったら混ぜて器に盛り、白いりごまと刻みのりをちらす。

栄養価 1合分

エネルギー…925kcal、たんぱく質…42.1g、脂質…22.5g、糖質…133.4g、カルシウム…363mg、鉄…5.2mg

主食

レシピ
59

消化が良く栄養価も高い麺類は試合前日の食事にも

煮込みうどん

野菜をたっぷり入れると栄養バランスがととのった一品になります。煮込み用のラーメンなどを活用してもいいでしょう。小松菜を入れて栄養価をアップさせましょう。

材料 1人分

うどん…1玉、鶏モモ肉…80g、にんじん…15g、しめじ…小1/4パック、小松菜…2株、万能ねぎ…10g、卵…1個、だし汁…300cc、濃口しょうゆ…大さじ1、みりん…大さじ1/2、日本酒…大さじ1、塩…適宜

作り方

1. 材料を食べやすい大きさに切る。だし汁と調味料をわかし、材料を入れる。
2. うどんを入れて煮込み、卵を加えて蓋をし、卵が程よく固まればできあがり。

栄養価 1人分

エネルギー…503kcal、たんぱく質…27.0g、脂質…16.3g、糖質…66.1g、カルシウム…136mg、鉄…3.5mg、ビタミンC…40mg

主食

レシピ
60

牛肉入りで食べ応え満点、補食としてもお勧め

お手軽太巻き

牛肉を使うと巻きずしも手軽に作れます。牛肉には貧血予防に欠かせない鉄や亜鉛も多く、たんぱく質もとれるのでお勧めです。

材料 1人分

ごはん…200g、すし酢…大さじ1、ほうれんそう…1束、牛肉薄切り…70g、サラダ油…小さじ1、濃口しょうゆ…小さじ2、砂糖…小さじ2、卵…1個、塩…少々、砂糖…1つまみ、のり…1枚

作り方

1. 温かいごはんにすし酢、白すりごまを混ぜる。卵は溶きほぐし、砂糖と塩で調味したら卵焼きを作る。
2. 牛肉はフライパンにサラダ油をひき、牛肉を炒め甘辛く調味する。ほうれんそうは下ゆでする。
3. のりにごはんをのせ、縦長にカットした卵、2の牛肉とほうれんそうをのせて巻き、食べやすい大きさに切る。

栄養価 1人分

エネルギー…520kcal、たんぱく質…20.0g、脂質…8.0g、糖質…86.1g、カルシウム…50mg、鉄…3.5mg

主食

レシピ 61

彩りのよい栄養強化おにぎりを補食やお弁当に

おにぎり3種（桜えびと小松菜／しらすとかりかり梅／枝豆とチーズ）

おにぎりにするとごはんがしっかり食べられます。栄養価の高い小松菜、チーズ、しらすなどを上手に組み合わせていろいろなおにぎりを楽しみましょう。

材料 1人分

ごはん…各100g、塩…適宜、焼きのり…適宜、(具)［a：桜えびと小松菜］桜えび…2g、小松菜…10g、ごま油…少々、濃口しょうゆ…少々／［b:しらすとかりかり梅］しらす…5g、かりかり梅…5g、白いりごま…少々／［c：枝豆とチーズ］むき枝豆…10g、プロセスチーズ…15g

作り方

a. ごま油で小松菜と桜えびを炒めてしょうゆで味をつける。ごはんに混ぜてにぎる。
b. しらすと細かく切ったかりかり梅、白いりごまをごはんに混ぜてにぎる。
c. 枝豆とプロセスチーズと塩をごはんに混ぜてにぎる。

栄養価 1人分

［桜えびと小松菜］エネルギー…172kcal、たんぱく質…3.1g、脂質…1.2g、糖質…35.1g、カルシウム…60mg、鉄…0.4mg／［しらすとかりかり梅］エネルギー…170kcal、たんぱく質…4.1g、脂質…0.6g、糖質…35.0g、カルシウム…37mg、鉄…0.2mg／［枝豆とチーズ］エネルギー…217kcal、たんぱく質…6.4g、脂質…4.6g、糖質…35.1g、カルシウム…102mg、鉄…0.4mg

【引用・参考文献】

<第１章>

文献１ Burke, L., Castell, L., Casa, D., et al. (2019). International Association of Athletics Federations Consensus Statement 2019: Nutrition for Athletics. Int J Sport Nutr Exerc Metab., 29(2), 73-84.

文献２ 公益財団法人日本陸上競技連盟編 , (2022). 陸上競技コーチングブック . 大修館書店 .

文献３ Slater, G., Sygo, J., & Jorgensen, M. (2019). SPRINTING. . . Dietary Approaches to Optimize Training Adaptation and Performance. Int J Sport Nutr Exerc Metab., 29(2), 85-94.

文献４ Witard, O., Garthe, I., & Phillips, S. (2019). Dietary Protein for Training Adaptation and Body Composition Manipulation in Track and Field Athletes. Int J Sport Nutr Exerc Metab., 29(2), 165-174.

文献５ Stellingwerff, T., Bovim, I., & Whitfield, J. (2019). Contemporary Nutrition Interventions to Optimize Performance in Middle-Distance Runners. Int J Sport Nutr Exerc Metab.,29(2), 106-116.

文献６ 日本陸上競技連盟『中学校部活動における陸上競技指導の手引き』2018.

文献７ Burke, L., Jeukendrup, A., Jones, A., et al. (2019). Contemporary Nutrition Strategies to Optimize Performance in Distance Runners and Race Walkers. Int J Sport Nutr Exerc Metab., 29(2), 117-129.

文献８ 日本陸上競技連盟医事委員会 , 陸上競技ジュニア選手のスポーツ外傷・障害調査第１～第５報 , https://www.jaaf.or.jp/about/resist/medical/ （2024 年１月４日閲覧)

文献９ Ishizu, T., Torii, S., Takai, E., et al. (2022). Japanese female athletes with low energy availability exhibit low multiple food group intake and increased tartrate-resistant acid phosphatase 5b levels: a cross-sectional study. J Phys Fitness Sports Med., 11(2), 107-116.

文献 10 Sygo, J., Kendig Glass, A., Killer, S.., et al. (2019). Fueling for the Field: Nutrition for Jumps, Throws, and Combined Events. Int J Sport Nutr Exerc Metab.,29(2), 95-105.

<第２章>

文献 11 Rauch, F., Bailey, D., Baxter-Jones, A., et al. (2004), The 'muscle-bone unit' during the pubertal growth spurt. Bone 34, 771-775.

文献 12 大畑好美 , 長坂聡子 , 田口素子ほか . (2010), 第 25 回日清食品カップ全国小学生陸上競技交流大会優勝選手の食事実態について , 陸上競技研究紀要 , 6, 19-29.

文献 13 田原圭太郎 , 鎌田浩史 , 山澤文裕 . (2017), 陸上競技ジュニア・ユース選手のスポーツ外傷・障害調査における疲労骨折に関する検討 - 全日本中学校陸上競技選手権大会・全国中学校駅伝大会の調査 -, 陸上競技研究紀要 , 13, 289-292.

文献 14 日本骨粗鬆症学会・日本骨代謝学会・骨粗鬆症財団 , 骨粗鬆症の予防と治療ガイドライン 2015 年版

文献 15 Peeling, P., Castell, L., Derave, W., et al. (2019). Sports Foods and Dietary Supplements for Optimal Function and Performance Enhancement in Track-and-Field Athletes. Int J Sport Nutr Exerc Metab, 29(2), 198-209.

<第３章>

文献 16 Mountjoy, M., Ackerman, K., Bailey, D., et al. (2023). 2023 International Olympic Committee's (IOC) consensus statement on Relative Energy Deficiency in Sport (REDs). Br J Sports Med. 57, 1073-1097.

文献 17 Mckay, A., Pyne, D., Burke, L., Peeling, P., 2020. Iron Metabolism: Interactions with Energy and Carbohydrate Availability. Nutrients 12, 3692.

文献 18 濵野純 , 田中綾乃 , 田畑泉 . (2022). 若年男性陸上長距離選手における疲労骨折の危険因子に関する研究 －トレーニングの量と強度の観点から－ . 体力科学 , 71(4), 319-331.

文献 19 鳥居俊 (2006). 女子長距離走選手における初経発来前のトレーニング開始は初経発来遅延や骨密度低下と関係する . 発育発達研究 , 32, 1-6.

文献 20 Ishizu,T., Torii, S. & Taguchi, M. (2022). Habitual Dietary Status and Stress Fracture Risk Among Japanese Female Collegiate Athletes. J Am Nutr Assoc., 41:5, 481-488

文献 21 田口素子 , 遠藤有香 , 原丈貴ほか . (2021). 小学生を対象とした包括的支援体制による食育と体力向上プログラムの開発及びその試み . 日本食育学会誌 , 15(4), 197-208.

文献 22 永澤貴昭, 村田浩子, 村岡慈歩ほか . (2013). 競技者の増量に適した食事方法の検討 . 日本臨床スポーツ医学会誌 , 21(2), 422-430.

文献 23 Taguchi, M., Hara, A., Murata, H., et al. (2021). Increasing Meal Frequency in Isoenergetic Conditions Does Not Affect Body Composition Change and Appetite During Weight Gain in Japanese Athletes. Int J Sport Nutr Exerc Metab., 31(2), 109-114.

文献 24 Casa, D. J., Cheuvront, S. N., Galloway, S. D., et al. (2019). Fluid Needs for Training, Competition, and Recovery in Track-and-Field Athletes. Int J Sport Nutr Exerc Metab, 29(2), 175-180.

<第４章>

文献 25 Burke, L., Hawley, J., Wong, S., et al. (2011), Carbohydrates for training and competition. J Sports Sci. 29(S1), S17-27.

著者紹介

田口素子（たぐち・もとこ）
早稲田大学スポーツ科学学術院教授・スポーツ栄養研究所所長。博士（スポーツ科学）。公認スポーツ栄養士・管理栄養士。2008 年より日本陸上競技連盟にて栄養サポートを実施し、2023 年まで医事委員会スポーツ栄養部長を務めた。日本で初めてオリンピックに帯同したスポーツ栄養士の先駆者。『スポーツ栄養学 - 理論と実践 -』など著書・共著多数。

浜野純（はまの・じゅん）
早稲田大学スポーツ栄養研究所招聘研究員。博士（スポーツ健康科学）。公認スポーツ栄養士・管理栄養士。2023 年より日本陸上競技連盟医事委員会スポーツ栄養部長を務める。現役時代は陸上長距離選手として活躍し、現在は選手の栄養指導に携わる。共著に『今より強く！を目指して』などがある。

食《た》べて強《つよ》くなる！ 陸上選手《りくじょうせんしゅ》の栄養《えいよう》と食事《しょくじ》

2024 年3月 25 日　第1版第1刷発行

著　　者　田口素子《たぐちもとこ》・浜野純《はまのじゅん》
発 行 人　池田哲雄
発 行 所　株式会社ベースボール・マガジン社
〒103-8482
東京都中央区日本橋浜町 2-61-9 TIE 浜町ビル
電話　03-5643-3930（販売部）
03-5643-3885（出版部）
振替口座　0018-6-46620
https://www.bbm-japan.com

印刷・製本　共同印刷株式会社

© Motoko Taguchi, Jun Hamano 2024
Printed in Japan

ISBN978-4-583-11641-9 C2075

＊定価はカバーに表示してあります。
＊本書の文章、写真、図版の無断転載を厳禁します。
＊本書を無断で複製する行為（コピー、スキャン、デジタルデータ化、音声化など）は、私的使用のための複製など著作権法上の限られた例外を除き、禁じられています。業務上使用する目的で上記行為を行うことは、使用範囲が内部に限られる場合であっても、私的使用には該当せず、違法です。また、私的使用に該当する場合であっても、代行業者等の第三者に依頼して上記行為を行うことは違法となります。
＊落丁・乱丁が万一ございましたら、お取り替えいたします。